中公新書 2257

矢野久美子著

ハンナ・アーレント

「戦争の世紀」を生きた政治哲学者

中央公論新社刊

まえがき

一九六三年五月、元ナチ官僚アイヒマンをめぐる裁判の報告『イェルサレムのアイヒマン』が刊行された。雑誌『ニューヨーカー』に同書の連載第一回が発表された直後から数年間にわたって、著者は激しい非難にさらされる。著者の名前はハンナ・アーレント――。二〇世紀を代表する政治哲学者である。彼女は、一九〇六年にドイツのユダヤ人家庭に生まれ、七五年ニューヨークで生涯を終えた。少女時代から文学や哲学に親しみ、大学では哲学を専攻し、マルティン・ハイデガーとカール・ヤスパースの下で学んだ。一九三三年、ナチ支配下のドイツからパリへと亡命し、そこでユダヤ人の青少年やドイツ占領地域からの避難民の救出にたずさわった。第二次世界大戦勃発後には数ヵ月間フランスの収容所に送られたが脱出し、アメリカ合衆国へと渡る。以後、時事問題や政治的・哲学的問題について書きつづけ、一九五一年には大著『全体主義の起原』を刊行。その後も『人間の条件』(一九五八年)、『革命について』(一九六三年)など、二〇世紀の古典ともいうべき数多くの著作を発表した。

アーレントは、「事実を語ること」の大切さを強調した。人びとが出来事を共有し、語り継ぐ言葉がなければ、世代を超えて持続すべき人間の世界は地盤を失ってしまう。現代世界ではこの「事実を語ること」そのものが、危機にさらされている。アーレントはそれを、二〇世紀の歴史に翻弄された彼女自身の人生において痛感していた。事実はさまざまな角度からの物の見方によって成り立っている。私たちの現実は、そうした複数の観点によって保証されなければならない。しかし、イデオロギーや結論ありきのロジックによって、現実そのものが蔑ろにされ、打ち消される事態を、歴史は経験してきた。しかも、彼女が目《ま》の当たりにした二〇世紀の破局的事態は、伝統的な語り方が通用しない、それまでの思考法では理解できない、先例のない出来事だった。

彼女は、人間は誰しも新参者あるいはよそ者としてこの世に生まれ、その世界を理解することによって、世界と和解すると考えた。「理解することは、生きることとの人間的なあり方である」、「この理解の過程を切り詰めてはならない」と彼女は書く。それは、現実を手放してはならない、という信念でもあった。アーレントの残した著作は「生きられた人生」でもあった。

ハイデガーやヤスパースはもちろん、ヴァルター・ベンヤミン、エリック・ホッファーなど同時代の思想家たちとの稀有《けう》なかかわりあいのなかで展開されるアーレントの生き方そのものが、共感あるいは反感を生み出しながら、世界の人びとを魅了してきた。アーレントは、人間の共存にとっての物語の意義を生涯にわたって大切にし、ときには理論よりもそれを優先させた。そして友人をはじめとする他の人びとの人生に誠実に関わり、しばしば彼らの物語を語った。彼女は、「死者との交わり――これを学ばなくてはなりません」とある追悼の辞で話した。そうした彼女のライフストーリーや思考のスタイルからも、私たちは考えはじめることができるはずだ。

目次

まえがき　i

第1章　哲学と詩への目覚め　一九〇六—三三年……………3

I　子供時代　4

父の死と祖父の支え　ケーニヒスベルクのユダヤ人　反ユダヤ主義的風潮のなかで　母の教えとその姿勢　哲学を学ぶことを決意　母の再婚と親友たち

II　マールブルクとハイデルベルクでの学生生活　22

ハイデガーとその弟子たち　秘められた恋　ヤスパースのもとへ　博士論文「アウグスティヌスにおける愛の概念」　ブルーメンフェルトとの出会い

III　ナチ前夜　36
ギュンター・シュテルンとの結婚　アカデミズムの枠におさまらない問題意識　ラーエル・ファルンハーゲンという女性　忍び寄るナチの影

第2章　亡命の時代　一九三三―四一年……47

I　パリ　48
旅券なしの出国　ユダヤ人としての仕事　パリの亡命者たち　ブリュッヒャー　ベンヤミン「ブレヒトの詩への註釈」　亡命者と友情

II　収容所体験とベンヤミンとの別れ　65
第二次世界大戦勃発　ギュルス収容所　ベンヤミンとの最後の日々　文書の壁

第3章 ニューヨークのユダヤ人難民 一九四一―五一年……75
I 難民として 76
アメリカ到着　生きるための英語習得　家族それぞれの苦労　論争的エッセイストの誕生　『アウフバウ』への寄稿
II 人類にたいする犯罪 88
「アウシュヴィッツ」の衝撃　人間による人間の無用化　パーリアとしてのユダヤ人　ドイツの敗戦　友人たちの消息　雑誌『ヴァンドルング』の創刊
III 『全体主義の起原』 103
成り立ちと構造　反ユダヤ主義　帝国主義　全体主義
第4章 一九五〇年代の日々……117

Ⅰ　ヨーロッパ再訪　118
知識人それぞれの選択　帰郷　ハイデガーとの再会　シュテルンベルガーとの応酬　「イデオロギーとテロル」
Ⅱ　アメリカでの友人たち　130
ニューヨークの仲間　沖仲仕の哲学者ホッファー　「砂漠のなかのオアシス」
Ⅲ　『人間の条件』　141
成立の背景　労働・仕事・活動　公的なものと社会的なもの
第5章　世界への義務……………………………153
Ⅰ　アメリカ社会　154
世界疎外　リトルロック事件　「教育の危機」

Ⅱ　レッシングをとおして　164
『現代政治思想の疑わしい伝統在庫品』　高まるドイツでの評価　レッシング賞受賞　「暗い時代の人間性」　レッシング的な思考　ユダヤ人であること　政治の現在形を認識すること
Ⅲ　アイヒマン論争　180
アイヒマン裁判　『イェルサレムのアイヒマン』　友人たちとの絶縁
第6章　思考と政治……………………………………191
Ⅰ　「論争」以後　192
非難の嵐のなかで　彼女を支持した人びと　ヤスパースによる励まし　さらなる理解のために　「独裁体制のもとでの個人の責任」　ラジオ・テレビへの出演

Ⅱ　暗い時代　205
ケネディとロンカッリの死　真理と政治　死者との交わり

Ⅲ　「はじまり」を残して　217
精神の生活　満足を与える生き方　思考と活動

あとがき　227
主要参考文献　237
ハンナ・アーレント略年譜　239

ハンナ・アーレント（1906－75）

ハンナ・アーレント

第1章　哲学と詩への目覚め　一九〇六－三三年

I　子供時代

父の死と祖父の支え

　ハンナ・アーレント（Hannah Arendt）は、一九〇六年一〇月一四日、ドイツ中北部の都市ハノーファーに隣接した地区リンデンで、中産階級のユダヤ人の両親のもとに、一人娘として生まれた。当時のドイツ（ドイツ帝国、一八七一―一九一八年）は、プロイセン王国を中心とした連邦国家であった。それはまた、プロイセンの軍事力と対外戦争によって「上からの統一」を実現させた、ドイツ初の国民国家でもあった。ハノーファーは、一八六六年の普墺戦争以後に、プロイセンの新たな州の一つとなった。リンデンは古い大きな村ですでに機械工場をもっていた。ハノーファーはそうした隣接地区と合わさって、工業地帯を形成しながら、州の行政の中心地として人口が倍増し、世紀転換期には大規模な建設事業や経済発展の只中《ただなか》にあった。

　ハンナの両親、父パウル・アーレントと母マルタ・アーレントは、バルト海に面した東プロイセン州の首都ケーニヒスベルク（現在のロシア、カリーニングラード）出身である。パウルは、ケーニヒスベルクの名門アルベルティーナ大学（一五四四年創設）で工学士の学位を取得している。ハンナが生まれたころは、ハノーファーの電気会社で電気技師として仕事をしていた。マルタはケーニヒスベルクの女子校で学んだ後、フランス語と音楽を学ぶためにパリで三年間過ごしたことがあった。二人とも裕福な古いユダヤ家系の出であったが、彼ら自身はユダヤ教の信徒ではなかった。彼らは青年時代から社会民主主義者であり、政党から独立して自由な討論を展開した雑誌『社会主義月報』に近い立場をとっていた。

パウルはギリシア語・ラテン語の古典にも詳しく、少々神経質なところもある学究肌の人だったらしい。家には立派な蔵書があった。マルタは社交的な女性で、自宅に友人たちを招くことも多かった。娘ハンナのベビーシッターにはキリスト教徒の女性を選んだ。ハンナの誕生から一〇年にわたって、身体の発達や日々の観察を記録した成長日記を書き続けている。教育熱心で、娘にはみずから弾くピアノに合わせて歌を教えたり、フランス語で物語を読み聞かせたりしたという。ハンナは歌が好きだったが残念ながら音楽的才能はなかったようだ。こうした、当時は少数派の進歩的で教養のある両親のもとで、ハンナ・アーレントは順調に育っていた。

ところが、ハンナが二歳半のとき父パウルが病気になり、家族の状況は一変する。若いころに患《わずら》ったが結婚前には完治したと思われていた梅毒が再発したのだ。パウルは働けなくなり、家族は夫婦の生まれ故郷であるケーニヒスベルクに引っ越すことになった。梅毒は抗生物質が発見される以前は恐ろしい病であり、家族を経済的に困窮させ、社会のアウトサイダーへと追いやることもあった。パウルの病状は悪化しつづけ、機能障害・精神障害が進み、一九一一年には医療介護施設に入り、一三年、ハンナが七歳になる月に亡くなった。パウルが自分の娘を識別できなくなるまで、マルタとハンナはパウルを見舞って施設に通ったという。

気丈なマルタとハンナを経済的にも精神的にも支えたのが、ケーニヒスベルクの親族や友人であった。ハンナの母方の祖父ヤーコプ・コーンは、一八三六年にロシア領リトアニアで生まれ、五二年にニコライ一世の反ユダヤ主義施策（一二歳から二五歳までのユダヤ人青少年にたいする二五年間の兵役への強制徴兵）から逃れるために、両親とともにケーニヒスベルクに移住した。そしてその後、移住時に父が始めた小さな紅茶輸入会社を大商会へと発展させていた。ヤーコプは一九〇六年に七〇歳で亡くなったが、その財産は第一次世界大戦まで大家族を支えた。ハンナはときおりコーン商会を訪れ、ロシア的な雰囲気や輸出品のお菓子を味わったりしたらしい。

ケーニヒスベルクのユダヤ人

コーン家の人びともパウル・アーレントの家系の人たちも、ドイツ社会に参入していった改革派ユダヤ教徒に属していた。パウルの曽祖父母は一八世紀にロシアからケーニヒスベルクに移住している。ケーニヒスベルクは、一三世紀にドイツ騎士団が築いた城から始まった町で、一六世紀までユダヤ人の居住は許されていなかった。一六世紀半ばに二人のユダヤ人医師が初めて滞在許可を得た。一七世紀半ばからポーランドとリトアニアのユダヤ商人に商売を営む特権が与えられた。同じころケーニヒスベルク大学でユダヤ人が医学を学ぶことが許された。一八世紀半ばにはユダヤ人共同体の構成員は約三〇〇人に達し、一九世紀初めには九〇〇人近くになった。ロシアとのつながりを生かしたユダヤ人貿易商は、交易都市ケーニヒスベルクの繁栄に大きく貢献していく。

ケーニヒスベルクは、ドイツの近世哲学を代表する哲学者イマヌエル・カント（一七二四―一八〇四年）が生涯を過ごしたことでも知られる。カントは、バルト海に面したプレーゲル川河口のこの町、ポーランド語圏とリトアニア語圏に接する東のはずれのドイツ語圏の行政の中心であり、大学があり、海外交易に適し、多文化との交流点にあるこの土地を、「人間や世界についての知を拡げるのに適した場所」と見なした。ケーニヒスベルクはコスモポリタン的な大きな地方都市だった。カントが教えたケーニヒスベルク大学では、多くのユダヤ人も学んだ。この町生まれのユダヤ人解放運動の先駆者ダーヴィット・フリートレンダーや、カントの愛弟子《まなでし》であったユダヤ人の医学者マルクス・ヘルツや、カントの講義を受けたドイツ人外交官フリードリヒ・フォン・ゲンツのことを、ハンナ・アーレントはのちに著作で描くことになる。

一八世紀のケーニヒスベルクは、ベルリンに次ぐドイツ・ユダヤ啓蒙主義の中心であった。ヘブライ語で「ハスカラー」と呼ばれるユダヤ人の啓蒙運動の主要な関心は、その土地の道徳や慣習や言語の習得、ゲットー（ユダヤ人が強制的に居住させられていた地区）からの解放にあった。当時を代表するユダヤ人哲学者モーゼス・メンデルスゾーン（一七二九―八六年）は、ヘブライ語聖書をドイツ語に翻訳し、ユダヤ人の啓蒙とドイツ市民社会への融合を主張した。啓蒙の影響下で生まれたユダヤ教改革派は、礼拝でドイツ語による祈禱《きとう》やオルガンの伴奏などを取り入れていくが、これにはユダヤ教正統派による激しい抗議や抵抗も見られ、ケーニヒスベルクも例外ではなかった。

経済的に成功したユダヤ人のなかには、高い社会的地位を得て国家の近代化に関わる者も出てくる。一八四三年生まれのパウルの父、つまりハンナの父方の祖父マックス・アーレントは大商人であり、ケーニヒスベルクでは著名な地方政治家であった。彼は自分のことを、ユダヤ教を信仰するドイツ国民だと見なしていた。ケーニヒスベルク市議会議員となり、一九一〇年から一三年までケーニヒスベルクの自由主義派ユダヤ共同体および貧民救済委員会の責任者を務め、「ドイツ国民ユダヤ教信者中央協会」のメンバーでもあった。ドイツ国民としての自覚をもちつつ、同時に公的な反ユダヤ主義への抗議をためらわなかった人で、当時のケーニヒスベルクの自由主義の中心を担っていた。

マックスは、モーゼス・メンデルスゾーンの理想を尊重していた。彼は、伝統と祭儀上の慣習を厳守する正統派ユダヤ人とも、ユダヤ人国家の樹立をめざすシオニストとも、一線を画していた。とりわけシオニストとは公的な対立をくりかえした。しかし私的には友人関係が保たれていた。のちにハンナ・アーレントと深く関わりをもったシオニストのクルト・ブルーメンフェルト（一八八四―一九六三年）とも、若いころから議論を戦わせたりしていたが、親しくつきあっていたという。マックスは、一九一三年に息子パウルより少し前に亡くなるまで、ハンナの父親的な存在として、孫娘をたびたび預かり、シナゴーグの礼拝に連れて行ったり、散歩につれだしてはさまざまな物語を語って聞かせたりした。

ケーニヒスベルクのユダヤ人マイノリティについての著書がある歴史家シュテファニー・シューラー＝シュプリンゴルムは、マックス・アーレントたちが活躍した時代には、対立的な主張を唱えるユダヤ人政治家のあいだ、あるいは自由主義派のユダヤ教信者とシオニストたちのあいだに、個人的な友人関係が見られた例は少なくないと指摘して、次のように述べている。「彼らの政治的相違は、個人的な関係を妨げるものではなかった。同じことは、家族の中心にあらゆる党派がいた多くのケーニヒスベルクの大家族の生活にも当てはまるだろう」。後で詳しく見るように、晩年アーレントは、著書によって惹き起こされた論争のなかで、ブルーメンフェルトやケーニヒスベルクの改革派ラビ（ユダヤ教の聖職者）、ヘルマン・

フォーゲルシュタインの妹など、彼女の幼少時代に連なる人びととの親密な関係まで断たれることになる。政治的相違が個人的な関係を妨げなかった時空間は、孫ハンナではなく祖父マックスの時代のものだった。

反ユダヤ主義的風潮のなかで

パウルやマルタ自身は信徒ではなかったが、彼らは幼い娘が祖父母とシナゴーグに行ったり、友人で社会民主主義者であるヘルマン・フォーゲルシュタインから教えを受けたりすることには、まったく反対しなかった。ケーニヒスベルクのユダヤ人共同体のなかでは、宗教的には正統派のほうが多数派だった。フォーゲルシュタインのような自由主義的改革派は、正統派からの抵抗だけでなく改革派内部での若者たちの宗教的関心の薄れなどにも直面し、合唱隊への女性の参加など改革派の礼拝の魅力を高めようとしていたが、試みは成功してはいなかった。アーレント家やコーン家の祖父母たちはフォーゲルシュタインの賛同者だった。ハンナは、大人になったらフォーゲルシュタインと結婚したいと言って大人たちを楽しませ、「豚肉ぬきの生活をしなければならないよ」と母マルタに言われて、「豚肉つきのラビと結婚する」と答えたらしい。また、ハンナは、幼稚園児としてキリスト教の日曜学校に参加することもあれば、キリスト教徒のベビーシッターの家庭礼拝も経験していたという。

ケーニヒスベルクの人口は、一九一〇年には約二四万六〇〇〇人となり、そのうち一・八パーセントの約四五〇〇人がユダヤ人であった。貧しい東欧系の正統派ユダヤ人の多くは駅の近くのプレーゲル川付近に住み、アーレントたちのような裕福な家族は、大きな屋敷が立ち並ぶティアガルテン通りの一画などに住んでいた。マルタたちの交際相手は医者や弁護士や教師や音楽家であり、東欧出身のユダヤ人や移民たちとはあまりつきあいがなかったようだ。

とはいえ、マルタにユダヤ人としての自己意識がなかったかといえば、けっしてそうではない。のちにアーレントは、「母はもちろんユダヤ人であり、私に〔キリスト教の〕洗礼を受けさせるようなことはありませんでした」、「かりに私がユダヤ人であることを拒み、母がそれを知るようなことがあれば、私をぶっただろうと思います」と述べている。マルタたちのような社会民主主義者や芸術家や音楽家は、非ユダヤ人の友人たちとのつきあいもあったが、私的生活においてはユダヤ人親族との結びつきのほうがはるかに強かった。

ユダヤ人が活躍したケーニヒスベルクでも、反ユダヤ主義的風潮はあった。アーレントの少女時代の友人の一人は、あるときハンナにからかい半分で反ユダヤ主義的なことを言い、自分の母に「そんなことは口に出してはいけない」と叱られたと回想している。彼女の母はハンナの母マルタの友人でもあったが、マルタを個人的に好きなのであってユダヤ人を集団として受け入れているわけではないと語っていたという。

母の教えとその姿勢

裕福で自由主義的なユダヤ人親族に囲まれて育ったハンナ・アーレントは、幼いころ「ユダヤ人」という言葉を家庭で耳にしたことはなく、路上で他の子供たちから反ユダヤ主義的な言葉を浴びせられて初めて、「そうなのか」と思ったという。しかし、彼女がそれを劣等感として受けとめたことはなかった。子供心に「自分の顔立ちが他の人びとと違っている」ということは分かっていたが、「ただ事実としてそうだった」のである。アーレントは次のように語っている。

> 私の母、いわば私の家は、ふつうとは少し違っていました。他のユダヤ人の子の家と比べても、それどころか親戚の子の家と比べても、非常に特別なことが多かったので、子供にとってはどこが特殊なのかわからないほどでした。（「何が残った？　母語が残った」）

両親が社会民主主義者だったことも、梅毒という病で父親の心身が崩壊していくことも、キリスト教徒のベビーシッターと関わり、週末はキリスト教の日曜学校に行くこともあれば、祖父母たちとユダヤ教のシナゴーグの礼拝に行くこともあった、という環境も、「特別」だったかもしれない。しかし、アーレントがとりわけ強調しているのは次の点である。

反ユダヤ主義はすべてのユダヤ人の子供に降りかかり、多くの子供たちの精神を蝕《むしば》んでいました。私たちの場合の違いは、母がつねに屈服してはならないという立場を貫いていたことです。つまり、自分で自分を守らなければならない、と。（前掲）

たとえば学校の教師が東欧出身のユダヤ人の生徒たちなどにたいして反ユダヤ主義的な発言をした場合、ハンナは、「すぐさま立ち上がり、教室を去り、家へ帰り、すべて詳しく報告するように指示されていた」。母マルタは学校に抗議の手紙を書き、ハンナはその日は学校に行かなくてもよく、「それがけっこう楽しかった」。しかし、反ユダヤ主義的な言葉が子供たちからなされたものであれば、「家でそのことを話すのは許され」なかった。

子供どうしでのことについては、自分で自分を守らなければなりませんでした。そういうわけで、このこと〔ユダヤ人であること〕は私にとっては一度も問題とならなかったのです。私がいわばそのなかで自分の尊厳を保持し、保護されている、しかも絶対的に保護されている行動ルールのようなものが家にはあったのです。（前掲）

母マルタと

のちにアーレントは、「いっさいの先入観なしに、あらゆる可能性を開くような育て方をしてくれた」母に感謝した。そうした保護のなかで「子供のころの世界での本質的に単純な体験」が与えられたという。そこでは、「相互の尊敬、無条件の信頼、社会的・人種的差別にたいする純粋でほとんど素朴といってよいほどの軽蔑の念」が当然のものとされた。アーレントは、母親がユダヤ社会にたいしてもドイツ社会にたいしても先入観をもたず、社会的な諸関係の外に立っていたことを強調し、母の世代以降はもはや失われたそうした「ユダヤ的な人間性」を「美しいものだった」と回想している。

あらゆる社会的な結びつきの外に立っているということ、一切の先入観から離れているということは、とても美しいものだったのです。私はそうした先入観のなさを、ユダヤ社会に対してもそのような立場をとっていた自分の母親において強く経験したのです。（前掲）

マルタたちにとって、ユダヤ人であることは自明なことだった。しかしそれは、伝統に支えられたものであるというよりも、先入観のない自己意識であった。ドイツのアーレント研究者インゲボルク・ノルトマンは、こうした自明性が政治以前のものであり、いわばユダヤ文化といった文化的同一性ではなく当時のケーニヒスベルクでの文化的複数性の経験を表すものだったと言っている。さらには、その自明性は、社会的差別に「軽蔑の念」を感じるというような、距離をとる能力に基づいていたとも述べる。こうした生の技法をハンナはマルタから学んだ。しかし、思春期にさしかかると、ハンナの距離感はときにマルタをとまどわせるほどの翳《かげ》を帯びていく。

哲学を学ぶことを決意

一九一四年七月、第一次世界大戦が勃発した。ケーニヒスベルクがロシア軍によって占領されることを恐れて、八月末にマルタは七歳のハンナをつれて、自分の妹マルガレーテ・フュエストとその子供たちが住むベルリンに避難している。いつまでの避難になるか分からない状態で、ハンナはベルリンの学校に通い始め、従姉弟たちとも親しくなったが、一〇週間後には再びケーニヒスベルクに戻ることができた。ハンナは一九一三年から、東プロイセンで最初に設立された女子のためのギムナジウムである王女ルイーゼ学校の初等教育課程に入学していた。その同じ年に父パウルと父方の祖父マックスは亡くなり、ハンナは学校以外の多くの時間を、母マルタやコーン家の女性たちとともに過ごすようになっていた。一九一五年以後の数年間、ハンナには二度目のはしか、百日咳、中耳炎、ジフテリアと病気が続く。父の病気を受け継いだ恐れがあったために、先天性梅毒の検査も年に二度受けている。こうしたなかハンナは、神経質で傷つきやすく「気難しく不可解」になり、学校も休みがちになる。他方、家ではひとり両親の蔵書をひもとき、知的能力を発展させた。

一九一八年から翌一九年にかけての戦争末期、マルタの家は社会民主主義者たちの定期的な会合場所となる。このサークル自体は、スパルタクス団（社会民主党内の左派組織でのちにドイツ共産党を結成）には反対していたが、マルタは、スパルタクス団を率いたポーランド生まれのユダヤ人女性革命家ローザ・ルクセンブルク（一八七一―一九一九年）の熱心な支持者だった。一九年にドイツ革命の知らせがケーニヒスベルクに届いたとき、感激したマルタは、ハンナをつれて討論会や政治集会に出かけている。

もっとも、当時のハンナは、こうした政治的出来事には無関心だった。彼女は家の蔵書をかたっぱしから読み、とりわけギリシア語の詩やドイツ語とフランス語の小説に没頭した。「ギリシア語の詩は大好きだった」。そして一四歳のときには哲学を学ぶことを決めたという。カントの『純粋理性批判』と『単なる理性の限界内における宗教』、のちにアーレントの師となるカール・ヤスパース（一八八三―一九六九年）の『世界観の心理学』、さらにはヤスパースのその本で論じられているデンマークの実存主義哲学者キルケゴール（一八一三―五五年）の著作を読み始めた。彼女にとって生涯にわたって重要なものとなる、理解することへの欲求、「私は理解しなければならない」という内的な必要性がすでに生まれていた。アーレントにとってそれは、理解するために哲学を学ぶのか、それとも「身投げするのか」というほどの問題だった。

母の再婚と親友たち

一九一九年八月ワイマール憲法が公布され、ドイツは人民主権に基づく共和国となった。三三年のヒトラー政権成立によって終わる共和国である。アーレントの母マルタは二〇年に、金物業を営むマルティン・ベーアヴァルトと再婚した。ベーアヴァルトにはハンナより五歳ばかり年長の二人の娘がいたが、彼女たちとハンナは気質も能力も異なっていた。長女のクララとは大学に入ってからは親しくしている。ベーアヴァルトは、知的に早熟で独立心旺盛で気難しいところのある新しい娘とはあまり関わらなかったが、一九二〇年代半ばの中小企業倒産の波にのまれて失職するまで、ハンナの学業を支援した。ハンナはマイペースの生活を送りながらも、ときには大家族での馬車による遠足などを楽しんだようだ。

このころハンナ・アーレントは、すでに独習していたギリシア語は授業に出なくても済むように学校側と交渉したり、その代わりに上の学年の生徒たちと勉強会をおこなったりしている。とりわけ、マールブルクの新進哲学者ハイデガーの噂を彼女に伝えることになるエルンスト・グルマッハとは親しくつきあった。また、グルマッハを通じて、モーゼス・メンデルスゾーンや作曲家フェリックス・メンデルスゾーンの子孫であるアンネ・メンデルスゾーンと出会う。彼女たちは意気投合し、アンネは、ハンナの生涯の親友、最も大切な女友達の一人となった。

ドイツの大学への入学資格を得るための卒業資格試験の少し前に、学校の教師から個人的な侮辱を受けたと感じたハンナは、他の生徒たちをさそって授業のボイコットを企て、退学処分となる。しかし母マルタの理解と親戚からの援助によって、家で個人指導を受けながら独習し、さらにはしばらくベルリン大学で聴講生として学ぶことが可能になった。ベルリンでは学生寮に入り、大学では、当時カトリックの青年運動や典礼刷新運動に大きな影響を与えていた神学者ロマーノ・グァルディーニ(一八八五―一九六八年)の講義を聴講した。彼女は、詩と芸術に結びつけられたグァルディーニの実存主義的キリスト教神学の講義に感激し、いっそうキルケゴールの著作に魅惑されるようになった。一九二四年、一七歳の春にはケーニヒスベルクに戻り、母校の校外生としての卒業試験受験を特別に認められ、正規の大学入学資格を獲得する。直前の冬に、寄る辺なき閉塞的な絶望が表れている次のようないくつかの詩を書き残して。

どんな言葉も闇を突き破れない——
どんな神も御手を挙げない——
どこへ目を向けても
畳々と積み重なる土地。
ほどけゆく形はなく、
ゆれ動く影もない。
そしていまなおわたしには聞こえてくる。
もう手遅れだ、手遅れだ、と。

（『アーレント＝ハイデガー往復書簡』）

II　マールブルクとハイデルベルクでの学生生活

ハイデガーとその弟子たち

裕福な子供時代を送ったハンナ・アーレントであったが、その後家庭環境や経済事情は変化し、大学の学費や生活費は親戚からの援助を受け、質素な生活を送った。一九二四年秋、マールブルク大学に入学。主専攻は哲学、副専攻はプロテスタント（新教）神学と古典語学である。

マールブルクは、ドイツ中西部ヘッセン州の中部にあるラーン川沿いの大学都市である。マールブルク大学（フィリップ大学）は、宗教改革を支援したヘッセン方伯フィリップによって、ドイツで最初のプロテスタント大学として一五二七年に創設された。大学を中心とした小さな都市で、一九二五年の人口は約二三三〇〇人、そのうちの約二〇四〇〇人がプロテスタント、約二三〇〇人がカトリック、約三七〇人がユダヤ教徒であった。また、三三年三月の選挙では、他都市と比べてナチ党への投票率が高かった。

ハイデガー

　ハンナがマールブルク大学への入学を決めたころ、マールブルク大学には「思考の国の隠れた王」がいるという噂が、哲学を志すドイツの学生たちのあいだに広まっていた。マルティン・ハイデガー（一八八九－一九七六年）のことである。ハイデガーは、フライブルクで現象学の提唱者エドムント・フッサール（一八五九－一九三八年）の助手として大学教員のキャリアを始め、一九二三年からマールブルク大学で教壇に立っていた。
　諸学派を構成して大学のディシプリンの一つになり下がってしまった哲学のあり方に反旗を翻し、伝統的形而上学を批判したこの若い哲学者のもとには、「営みとしての思考を学ぶことができる」と期待する熱意ある学生が集まっていた。マールブルクには、一九世紀末からマールブルク学派と呼ばれる新カント学派の伝統があったが、第一次世界大戦、ドイツ帝国の崩壊、ワイマール共和国の創設と政治的混乱といった時代状況のなかで、ヨーロッパの伝統の崩壊に根底的に向き合う思考が求められていたのだ。哲学的解釈学の創始者で第二次世界大戦後のドイツ哲学界を担ったハンス・ゲオルク・ガダマー（一九〇〇―二〇〇二年）、ナチ・ドイツから亡命し第二次世界大戦中に東北大学で教鞭《きょうべん》をとったこともある哲学者カール・レーヴィット（一八九七―一九七三年）は、マールブルクでハイデガーに最も近しい若手研究者たちの一人だった。彼らは朝七時から八時までのハイデガーの講義の後、いつも仲間の下宿に集まって、持ち寄りの朝食を食べながらその日の講義について何時間も議論したという。

ハンナ・アーレントもハイデガーの磁力に引き寄せられた学生の一人だったが、彼女はこうしたエリートには属していなかった。彼女はまさしく「異郷からの少女」（アーレントはシラーの詩のこの言葉を使って自分のことを表した）だった。ガダマーやレーヴィットとはほとんど言葉を交わしたことすらなかったかもしれないが、ガダマーによれば、「いつも緑色のワンピースで現れた注意を惹く女の子」ハンナを、彼らは「グリューネ」（グリーン）と呼んでいたらしい。ハイデガーの崇拝者には同じケーニヒスベルク出身のユダヤ人の学生たちもいたが、ハンナは彼らともあまりつきあわなかったようだ。唯一の例外は、のちに未来の世代にたいする「責任原理」の倫理思想を展開したユダヤ人哲学者ハンス・ヨナス（一九〇三－一九三年）だった。ヨナスは当時のハンナ・アーレントの様子を次のように回想している。

私がこの、一風変わった見慣れない新人をどれほどはっきりと覚えていることか。恥ずかしがりやで引っ込み思案で、心をうたれるほど美しい姿と寂しい瞳をした、そんな彼女は、すぐに「例外的な」存在として、言い表しようのない「独特な」存在として目立ちました。マールブルクでは知性の輝きといった類のことは、珍しくはありませんでした。しかし、彼女には強烈さ、自律性、直観的才能、ことがらの核心を発見する力、それを探る力などがあり、それらが彼女の不思議な魅力となっていました。彼女は自分自身であろうとする絶対的決意をもっており、非常に傷つきやすいにもかかわらず、耐え忍んでそれを成し遂げる力をもっていました。

（"Hannah Arendt 1906-1975"）

当時、聖書の非神話化を唱えたルドルフ・ブルトマン（一八八四－一九七六年）の新約聖書のゼミナールに参加していたユダヤ人は、ヨナスとアーレントだけだった。彼らは神学ではなく哲学を学ぶ者として、キリスト教徒ではなくユダヤ人としてブルトマンに学ぼうとした。ヨナスによれば、アーレントは「ユダヤ教を知らない」自覚的なユダヤ人だった。彼女はゼミナール参加への許可を得る個人面談のさいに、自己紹介をした後、ゼミナールでの反ユダヤ的言動は許されないと述べている。ブルトマンは穏やかに、そのようなことがあれば共同で克服しよう、と答えたという。のちにアーレントは、自身がブルトマンに影響を受け学恩を感じていること、ブルトマンの人柄を好きであることを率直に表した。ブルトマンは、歴史の諸現象を現在の人間の実存理解にとっての可能性として解釈し、聖書の言葉と出会うことによって、個々の人間に具体的な状況での新しい可能性が開かれると書いた。

秘められた恋

マールブルクでのアーレントの生活、アーレントの青春時代を何よりも左右したのは、ハイデガーとの時間であった。入学してまもなく、ハイデガーの講義を受講していたアーレントは、学問的な相談のために面会時間（オフィスアワー）にハイデガーの研究室を訪ねた。レインコートを着て帽子を深くかぶったアーレントが質問に短く答えつづけた後で、突然ハイデガーが彼女の前でひざまずき、アーレントは身をかがめてハイデガーの頭を両手に受け入れたという。プラトンについての講義のさいに、ハイデガーはすでに彼女のまなざしに惹かれていたようだ。こうして始まった二人の関係は、その冬には情熱的なものになっていたが、アーレントは一八歳、ハイデガーは彼女より一七歳年上で妻と二人の息子がいた。

最初のころハイデガーにとってアーレントは、「幼な子のように内気」で「少女のように純粋な本質」が際立つ存在であったが、手紙で「ハンナ」と呼びかけ親しい間柄で使う「きみ」（Du）という言葉を使いはじめたあたりから、「いっそう美しくいっそう偉大に」なる。残された手紙からは、ハイデガーがアーレントに夢中になっていき、勉学上のアドヴァイスも惜しまず、彼女の開花や成熟を心から喜んでいる様子が見られる。しかし彼があくまでも彼女に要求したのは、求めることではなく与えることだった。会う場所や時間を指定するのは例外なくハイデガーである。彼はアーレントの「献身」に感謝しつつも、自身の研究や家族を何よりも優先させている。当時ハイデガーは『存在と時間』を準備中であった。アーレントは彼の情熱的思索の源泉、女神ムーサ（ミューズ）だったという。

マールブルクの「魔術師」、カリスマ的教師であったハイデガーの求愛を、アーレントは受け入れた。すでに詩行で見たような思春期の絶望感と哲学への欲求をもっていたアーレントにとって、ハイデガーの言葉や彼と過ごす時間は彼女を根源的な思考へと導いた面もあっただろう。アーレントもハイデガーを愛した。しかし同時に彼女には、言葉や行為や出来事を理解しなければならないという強い内的必要性があった。ハイデガーの言動は、そんな彼女を傷つけ、苦しめることもあったにちがいない。アーレントもまた、自分のことをハイデガーに理解してもらいたかっただろう。マールブルクの一学期目を終えた後、ケーニヒスベルクで休暇を過ごしたアーレントは、「影」と題した自己省察を書いた。

彼女は多くのことを知っていた――経験と、つねに目覚めた注意力によって。しかし彼女にそのようにして起きたことのすべては、魂の底へと落ちていって、そこで孤立したままカプセルにしまいこまれていた。（『アーレント＝ハイデガー往復書簡』）

日付は一九二五年四月とされ、ハイデガーに贈られている。自分のことを三人称の「彼女」に置き換えたこの文章のなかで、アーレントは、「彼女」のもつ病的な感じやすさや周囲への違和感、孤立感、自己へと追放されている感覚、不安と憧憬への呪縛を吐露している。

この「影」の原文は、手書きとタイプライターでアーレントが自分の手元にも残した。マールブルク時代のアーレントからハイデガー宛ての手紙は残されていないため、私たちはこの時期のアーレントの気持ちの動きを知ることはできない。しかし、マールブルクという小さな町での二人の関係は、まもなくハイデガーの妻エルフリーデの耳に入った。エルフリーデは反ユダヤ主義的な人物でもあったようだ。他方で、ハイデガーは『存在と時間』の執筆に集中していく。二六年一月、アーレントは次学期からマールブルクを去ることを決心し、それをハイデガーに伝えた。マールブルク大学で学んだのは三学期間、すなわち一年半だった。

ヤスパースのもとへ

一九二六年夏学期から、アーレントはハイデルベルク大学に転学する。二九年に「アウグスティヌスにおける愛の概念」というテーマで博士論文を出版するまでの彼女の指導を引き受けたのは、当時のハイデガーの盟友カール・ヤスパースだった。ヤスパースは精神病理学専門の医学博士で、ハイデルベルク大学の哲学科に心理学という分野から参入し、哲学に転じるとともに伝統的な既存の哲学体系に挑んでいた。ヤスパースとハイデガーは互いを自身の理解者でありライバルであるとも見なし、一九三〇年代に入るまでは家族ぐるみでつきあっていたようだ。二人のあいだでは共通の学生としてのアーレントが話題になることもあった。ハイデガーとアーレントは絶縁したわけではなく、年に数回手紙が交わされ数度は会ったようだが、もちろんヤスパースは知らない。その間アーレントは、ハイデガーの恩人フッサールの講義を聴くためにフライブルクで過ごしたこともあったが、フッサールとは個人的なつながりはもたなかったようだ。

ヤスパース

ハイデルベルクは、古城がそびえ、ネッカー川が流れるドイツ南西部の古都である。ハイデルベルク大学はドイツで最も古い大学で、一三八六年にプファルツ選帝侯ルプレヒトによって創立された。一九世紀初めにはドイツ・ロマン主義の詩人たちがその古都の風景の美しさを詠《うた》った。一九世紀半ばからは自由主義的風潮が高まり、シェッフェル作の学生歌では「楽しい仲間」と「知恵」と「ワイン」に満ちた都市として歌われた。二〇世紀初めにはマックス・ヴェーバー（一八六四―一九二〇年）を中心に、国際的で自由な大学都市として輝いた。アーレントがハイデルベルクで学んだ時期も、カール・ヤスパースとならんでマックス・ヴェーバーの弟で社会学者のアルフレート・ヴェーバー（一八六八―一九五八年）、ロマンス語文学研究者エルンスト・ローベルト・クルティウス（一八八六―一九五六年）、ドイツ文学者フリードリヒ・グンドルフ（一八八〇―一九三一年）、プロテスタント神学者マルティン・ディベリウス（一八八三―一九四七年）など、錚々《そうそう》たるメンバーが揃《そろ》っていた。

こうした空気のなかで、アーレントはマールブルク時代よりも社交的な生活を送ったようだ。楽しい学生仲間もでき、ヤスパースの弟子でドイツ文学者となったベノ・フォン・ヴィーゼ（一九〇三―八七年）とはとくに親しくなった。友人ヨナスもマールブルクのブルトマンとハイデガーのもとで博士の学位を取得した後、二八年夏にハイデルベルクにやってきた。アーレントは新しい出会いと再会を楽しみながら、ヤスパースのゼミナールやディベリウスの授業を受講し、勉学に集中する。そしてヤスパースとの出会いは、アーレントに大きな影響を与えた。のちに彼女は次のように語っている。

ヤスパースには、他の誰にも見られないほどの率直さ、信頼性、語り合いにおける制約のなさというようなものがあるのです。私はとても若かった頃から、こうした資質に感銘を受けていました。それに加え、ヤスパースは、ハイデルベルクに来た当時の私にはまったく未知のものであった自由の概念を理性と結び合わせていたのです。私はカントを読んでいたにもかかわらず、そんなふうに考えてみたことはありませんでした。ヤスパースというひとにあっては、この理性がいわば実践されていたのです。そして、私には父がいませんでしたから、そうした理性を見ることによって、いわば育てられたといってもよいかと思います。もちろん、ヤスパースにいまの自分のありようの責任をとらせようなど、そんなめっそうもないことは思っておりませんが、私を理性へと導いた人間がいるとすれば、それはヤスパースをおいて他にはありません。

（「何が残った？　母語が残った」）

博士論文「アウグスティヌスにおける愛の概念」

博士論文は、一九二八年一一月末に口頭試験を経て、翌年に出版された。アーレントは二二歳。非常に早い博士号取得だったようだが、その当時の手紙から私たちは、ヤスパースに論文指導をうけて反省を述べたり、提出の遅れをわびたりしている学生アーレントの姿を垣《かい》間見《まみ》ることができる。アウレリウス・アウグスティヌス（三五四―四三〇年）という古代最大の教父で中世ヨーロッパ世界の権威となった哲学者の思想における愛の概念に取り組んだこの論文は、引用の不備や展開の不十分さ、強引さがあるという理由で最高点は与えられなかったが、考察の真正さや一貫性は高く評価された。アーレントは、アウグスティヌスの著作をとおして隣人愛の問題、隣人の有意性の問題、他者の意義の問題を理解しようとした。邦訳『アウグスティヌスの愛の概念』の解説における千葉眞の言葉を借りれば、アーレントは「社会のきずなの存在論的根拠を求めて」アウグスティヌスとの対論を試みたのである。それは、ユダヤ人としてキリスト教共同体の外部に生きるアーレントが、キリスト教思想の言葉のなかから自身の実存状況を考え抜こうとした思考の軌跡でもあっただろう。

アーレントによれば、人間の存在を根源的な意味で「社会的」なものと考えるとき、神による「被造者」としての存在の起源だけでは不十分である。神への愛に導かれる「被造者」はそれぞれ孤立していて、その「隣人愛」においては具体的な他者は個々の身近な者として理解されない。そこでアウグスティヌスをとおしてもう一つの起源が引き出される。それは、アダムを始祖とし「出生によって」成立する「人類」への帰属である。罪深き人類としての結合関係において、人びとは相互に依存し、平等に「運命を共有」している。それは死者たちに由来し、死者たちとともにある「社会」でもある。ただしこうしたもう一つの起源としての歴史性のなかの他者の意義は、相互依存性にたいする信念そのものに基づいている。アーレントは次のように書いた。

「人類」の存続を決めるのは、人々の相互依存性の証明それ自体ではなく、それなしにはすべての相互的関係は成立し得ないであろう必要不可欠な信念である。

（『アウグスティヌスの愛の概念』）

ブルーメンフェルトとの出会い

ハイデルベルクでは、アーレントにとってもう一つの重要な出会いがあった。ケーニヒスベルクの祖父マックス・アーレントの論敵で友人でもあったシオニスト指導者のクルト・ブルーメンフェルトが、学生シオニストクラブの講演会に招かれ、大人になったアーレントの前に現れたのだ。一九二六年、アーレントがハイデルベルクに移ってまもなくのことだった。彼らは即座に意気投合し、講演後の夜はハンス・ヨナスも交えて三人で飲食を楽しみ、腕を組んで歌ったり笑ったりしながらハイデルベルクの街を散歩する。当時アーレントはユダヤ人のパレスティナへの移住には関心をもたなかったが、ブルーメンフェルトによってそれまで「政治的にナイーヴ」で「ユダヤ人問題を退屈に感じていた」自分が「開眼」させられたと言っている。政治的判断力をもちユーモアのセンスに満ちたブルーメンフェルトをアーレントは賞賛した。ブルーメンフェルトがある人物にシオニストへの協力を呼びかけたとき、「シオニストに成功の見通しはないだろう」と反論されたことがあった。ブルーメンフェルトは「わたしが成功に関心があるなどと誰が言ったのだ?」と答えたという。考えもせずに勝ち組につこうとする潮流は恥ずべきものだった。そうしたブルーメンフェルトの身ぶりを、アーレントは「敗れた大義はカトー〔古代ローマの共和主義的政治家〕を喜ばせる」という、彼女が生涯にわたって何度も使ったお気に入りの言葉で表した。アーレントがブルーメンフェルトの感化を受けたのは、アカデミズムの外部で考え、反ユダヤ主義にたいして政治的に思考し立ち向かうといった姿勢だけではなかった。彼は彼女に、

ブルーメンフェルト

ブルジョア的規範を破って人生を楽しむ味わいも教えたという。彼女に最初に葉巻を与えたのはブルーメンフェルトだったらしい。ちなみにアーレントはヘビースモーカーとして知られ、死ぬまでタバコを手放すことはなかった。

III ナチ前夜

ギュンター・シュテルンとの結婚

一九二九年一月、アーレントはベルリンのダンスパーティで顔見知りの男性、ギュンター・シュテルン（のちにペンネームでギュンター・アンダース、一九〇二-一九九二年）に会った。彼は、フッサールのもとで博士号を取得した後、二四年にマールブルクのハイデガーのゼミナールに研究生として参加していたのである。アンダース（シュテルン）は、のちに技術時代の人間と哲学について批評を展開し、一九五〇年代には反核運動の理論的リーダーとなった。また、広島への原爆投下に加わったパイロットと往復書簡を交わしたことでも知られている。

パーティでの出会いの後、まもなく二人は一緒に暮らしはじめ、その年の秋に結婚手続きを終えている。シュテルンもアーレントと同じく中産階級のユダヤ人家庭に育った。彼の両親は著名な児童心理学者で、親に紹介もせずに同棲しはじめた二人の行動に批判的だったようだが、アーレントの母マルタはこの結婚を喜んだらしい。アーレントはハイデガーへの思いを引きずっていたというが、シュテルンは、「ダンスパーティでくどき落とした」美しくて聡明な妻を自慢に思っていた。のちに彼が語ったところによれば、アーレントは料理が好きで上手だったそうだ。大好物のサクランボでジャムをつくるために、種をとりわけ

シュテルンと

ながらときには口にほおばる彼女と向かいあい、サクランボだらけの「戦場」のようになったテーブルをはさんで哲学的議論を展開したことを、彼は回想している。

シュテルンの教授資格論文提出のために、結婚後二人はフランクフルトに移り、ハンガリー出身の社会学者で『イデオロギーとユートピア』（一九二九年）が脚光を浴びたばかりのカール・マンハイム（一八九三—一九四七年）や、二九年にフランクフルト大学教授となった神学者パウル・ティリッヒ（一八八六—一九六五年）の講義を受けている。音楽についての哲学をテーマとしたシュテルンの教授資格論文は、同じ領域の研究に取り組んでいた哲学者テオドール・ヴィーゼングルント・アドルノ（一九〇三—六九年）の反対があり、それにたいしてシュテルンの推薦者となっていたティリッヒが「頼りにならなかった」ことなどから受理されず、彼らは三一年にはベルリンに戻る。彼らはなんとかして食べていかなければならなかった。シュテルンは、劇作家で詩人のベルトルト・ブレヒト（一八九八—一九五六年）の紹介で、前衛的な文芸欄で知られるベルリン株式通信（Berliner Börsen Courier）の仕事を得て、ジャーナリストとして多岐にわたる分野ですぐれた批評を書き、活躍しはじめた。当時の物書きにはシュテルンという名前が非常に多かったため、編集者の提案でペンネームを「別様に」という意味のアンダース（Anders）としたのもこの時期であった。

アカデミズムの枠におさまらない問題意識

アーレントは博士論文提出後、その出版に向けて修正作業をおこないながらも、次の研究、すなわちドイツ・ロマン主義時代のユダヤ人女性ラーエル・ファルンハーゲン（一七七一―一八三三年）についての研究に取り組むために、いくつかの奨学金に申請書を出した。博士論文提出後に彼女がベルリンに行ったのは、関連資料を読むためにプロイセン国立図書館に通う必要があったからである。シュテルンと暮らしはじめたとはいえ、奨学金が得られるかどうかに彼女の研究と生活はかかっていた。ヤスパースによれば、アーレントには教授資格をとる道もあったが「彼女の本能が大学に対して抵抗を感じた」、「彼女は自由でありたかった」のだという。たしかに、ブルーメンフェルトとの対話や政治的な反ユダヤ主義的風潮のなかで、アーレントにはアカデミズムの枠におさまらない問題意識が芽生えていただろう。また、ユダヤ人女性であるアーレントにとって、当時そのまま大学でのキャリアが開かれる可能性は少なかっただろう。しかし彼女の才能を認めていたヤスパースは、みずから直々にハイデガーやディベリウスにも彼女のための推薦状を依頼し、彼女はドイツ学術助成会（今日のドイツ学術振興会）の奨学金を得ることができた。

ハンナ・アーレントがラーエル・ファルンハーゲンというテーマに出会ったのは、ケーニヒスベルクの女友達アンネ・メンデルスゾーンを通じてであった。一九二一年に彼女たちが初めて会ったとき、アンネがハンナにラーエルの手紙を見せたという。当時アーレントはそれらを読んで考えはしたが、大学で哲学を学びはじめてからはそのままになり、博士論文を終えて「この仕事に戻らなければ」と思った。

ラーエル・ファルンハーゲンという女性

一八世紀末から一九世紀初め、ベルリンを中心としてユダヤ女性たちが主宰するサロンが、著名人が集まるドイツ・ロマン派の精神文化の交わりの場として花開いた時期があった。これらのユダヤ女性で最も代表的だったのが、カントのユダヤ人の弟子マルクス・ヘルツの妻ヘンリエッテ・ヘルツ（一七六四―一八四七年）、啓蒙のユダヤ哲学者モーゼス・メンデルスゾーンの長女で、親に決められた結婚の後でドイツ人の批評家フリードリヒ・シュレーゲル（一七七二―一八二九年）と恋に落ちたドロテーア・シュレーゲル（一七六四―一八三九年）、そしてラーエル・ファルンハーゲンである。

彼女たちは回想録や多くの手紙を書き、それらは貴重な歴史的資料となっている。一五歳でマルクス・ヘルツの妻となったヘンリエッテ・ヘルツは古典語をふくめた多くの言語を習得し、文学・哲学の議論にもすぐれ、夫の死後は教師として働き、母親の死後一八一八年にプロテスタントの洗礼を受けた。ドロテーア・シュレーゲルは、一四歳で婚約し一八歳で結婚したユダヤ人銀行家との離婚後、一八〇四年にプロテスタントの洗礼を受けてシュレーゲルと結婚。〇八年シュレーゲルとともにカトリックに改宗し、熱心な信者となった。彼女は、匿名で雑誌記事や翻訳や小説を発表した作家でもあった。

ラーエル・ファルンハーゲンは、ラーエル・レヴィンとしてベルリンの裕福なユダヤ商家に生まれた。当時ユダヤ人がゲットーから出て同化するには教養があるか金持ちであるかのどちらかの要素が必要であり、ラーエルの生まれは後者に属した。父の死後財産もなくなり、教養も美貌も何もないと劣等感を感じていたラーエルだったが、鋭い感受性と独創性と話術をもっていた彼女のサロンには、プロイセンのルイ・フェルディナント王子やフンボルト兄弟など、貴族や政治家や知識人たちなどが集まった。外交官フリードリヒ・フォン・ゲンツもその一人だった。ラーエルはゲーテを崇拝していたが、彼女はそのゲーテからも関心をもたれたほどだった。ラーエル自身は自分を「不運な者」と考え、「ユダヤ人であることから脱け出したかった」。そして数々の恋愛の失敗の後、一八一四年にプロテスタントの洗礼を受けてドイツ人のカール・アウグスト・ファルンハーゲン・フォン・エンゼと結婚した。彼女はいわゆる「文学作品」は書かなかったが、三〇〇人を超える人たちと交際し、六〇〇〇通を超える手紙と数冊の日記を残した。しかも送った手紙を手元に取り戻したりするなど、交わした記録が死後も残されることに配慮していた。

アーレントは、「私の関心はただ、ラーエルの生涯の物語を、もし彼女自身が語ったとしたらこうであろうように私の言葉で語ることにあった」(『ラーエル・ファルンハーゲン――ドイツ・ロマン派のあるユダヤ女性の伝記』)と書いている。ラーエルは「人生がじかに彼女に降りかかるように」生き、「出来事を言語化すること」に賭けた。アーレントがくりかえし書くように、「ラーエルはユダヤ人であることから脱け出したかった」。しかし他方でそこから生きるための力を引き出し、死の床では次のように語ったという。

高らかな歓びをもって、わたしはこの自分の起源を思い、もっとも古い人類の記憶が時間・空間をかくも隔てて最近の状況と結ばれている、この巡り合わせ全体を思います。わたしの生涯のかくも長いあいだの最大の恥辱、もっともにがい苦しみと不幸であったこと、ユダヤ女に生まれついたことを、いまのわたしはけっして手放したくありません。

（前掲書）

ラーエルが死んだ一八三三年から一〇〇年後、ドイツではヒトラーが政権につく。啓蒙の理想や受洗や結婚による個人的同化の道が人種主義の前に脆《もろ》くも崩れ去ってから、すでに数十年がたっていた。のちにアーレントは、この反ユダヤ主義の歴史と本格的に取り組むことになる。まもなく彼女自身が政治の渦に巻き込まれ、ドイツを去らなければならなくなったとき、伝記『ラーエル・ファルンハーゲン』は最後の二章を除いて書き終えられていた。

忍び寄るナチの影

シュテルン夫妻は結婚当初は哲学的議論を共有し、協力して仕事をすることもあった。しかし、ベルリンに戻ってからそれぞれの関心と交際範囲は急速に分かれていく。ナチ前夜、ギュンター・アンダース（シュテルン）は共産党に近い知識人グループと政治的議論を重ねていたが、ハンナ・アーレントにとってはクルト・ブルーメンフェルトや出版者のザルマン・ショッケンをはじめとするシオニストたちとのつきあいが重要になっていた。アンダースもアーレントも、ナチが政権を獲得するだろうということは一九三一年から確信し、危機意識を共有していた。しかし、それにたいする応答の仕方はそれぞれ異なっていた。アーレントがブルーメンフェルトからもらった葉巻を吸うとアンダースが不愉快な顔をするなど、嗜好《しこう》の違いも際立ってきて、夫婦関係は冷めたものになっていたようだ。

三二年七月の選挙で、国民社会主義ドイツ労働者党（ナチ党）は第一党となり、翌三三年一月、ヒトラーが首相に就任。二月二七日にベルリンの国会議事堂が放火炎上するという事件が起こる。ナチはこの事件を利用し、三月には全権委任法を成立させた。全権委任法とは、ナチ政府に議会の承認や批准なしに立法や条約を成立させる権限を付与するものであり、ワイマール憲法を事実上廃止するものであった。四月には職業官吏再建法によって、反体制派やユダヤ人が公務員職から追放される。二八年からフッサールの後任としてフライブルク大学教授となっていたハイデガーは、フライブルク大学総長に就任し、ナチ党に入党。ユダヤ系であったフッサールは大学構内立ち入り禁止になった。ナチは、グライヒシャルトゥングという均制化・強制的同質化の政策を進めた。しかし三三年当時、アーレントにとってそれは友人たちがナチに合わせたこと、友人の均制化によって追い詰められたということを意味していた。まだ選択の余地があった段階で、とりわけ知識人の友人たちがナチに迎合していったのである。「あたかも虚《うつ》ろな空間が身のまわりを包んだ」ようだったとアーレントは語っている。

国会議事堂放火事件のすぐ後、ギュンター・アンダースはパリに亡命する。同事件の翌日に亡命したベルトルト・ブレヒトの住所録には彼の名前もあったからだ。放火事件の夜から、「予防拘禁」と呼ばれる不当逮捕によって、人びとがゲシュタポの地下室か強制収容所に連行されはじめた。アーレントもいずれにせよ亡命するつもりではあったが、この事件の衝撃によって「もはや傍観者ではいられない」と思い、ブルーメンフェルトに協力することになる。それは、外国には知られていないドイツ国内の反ユダヤ主義的表明を収集する仕事だった。その結果アーレントは逮捕されることになったが、運よく出獄でき、次の日には母マルタとともに、非合法に国境を越えてドイツから離れた。

第2章　亡命の時代　一九三三—四一年

I　パリ

旅券なしの出国

一九三三年七月、ベルリンでシオニストに協力する非合法の仕事に携わっていたハンナ・アーレントは、娘を訪問中だった母マルタとともに路上で逮捕され、アレクサンダー広場の警察署に連行された。マルタはすぐに、ハンナは八日後に釈放された。彼女たちは友人と一緒に無事を祝った後、旅券（パスポート）なしに急いでドイツを脱出する。ドイツ東部国境のエルツ山地の森を通ってチェコに入り、避難民援助ネットワークがあるプラハで短期間過ごし、その後ジュネーヴ在住の友人マルタ・ムントのもとに身を寄せた。国際連盟の国際労働機関事務局で働いていたムントを通じて臨時の職を得たアーレントは、その仕事のかたわら母マルタをケーニヒスベルクに戻す手はずを整えて、秋にはパリに向かった。マルタは、ドイツ全土でユダヤ人襲撃が展開された三八年一一月の「水晶の夜」の後、三九年にパリの娘に合流することになる。

三三年の時点でドイツに住んでいたユダヤ系住民約五〇万人のうち、ほぼ半数が四〇年までに国外に出たと言われている。アーレントのように三三年に出国した人びとは、非ユダヤ人の亡命者たちと同様に、おもに文化的あるいは政治的な仕事や活動によってナチ・ドイツ下で個人的な危険にさらされていた知識人や活動家だった。こうした早い時期の亡命者たちの当面の亡命先は、たいていフランス、ベルギー、オランダ、スイス、チェコスロヴァキアなどの近隣ヨーロッパ諸国であった。受け入れ国はその当時はまだ比較的簡単に避難民を入国させたが、旅券を持たない不法滞在者である彼らには労働許可は与えられない。滞在許可がなければ働き口を得ることはできず、働き口がなければ滞在許可も得られない。パリでは大量の亡命者たちが簡易ホテルを転々としながら暮らしていた。とりわけ亡命ユダヤ人は「われわれのパンを奪う」不審な外国人として、メディアや大衆による排外主義的な言動にもさらされた。

パリに入ったハンナ・アーレントは、先に亡命していた夫ギュンター・アンダースに合流した。二人は夫婦というよりも非常事態下の共同生活者ふうの関係になっていたようだが、すでにパリでドイツからの亡命者仲間やフランスの知識人グループと交わりがあったアンダースは、彼らとハンナを引き合わせている。たとえば、亡命者たちの情報交換の場であったパンテオン近くのカフェでは、ブレヒトや小説家アルノルト・ツヴァイク（一八八七―一九六八年）たちと会い、ギュンターの母クララ・シュテルンの従弟《いとこ》である批評家のヴァルター・ベンヤミン（一八九二―一九四〇年）のアパルトマンを訪ねた。ベンヤミンはまもなく、アーレントにとって大切な親しい友人になる。また、アンダースが以前にベルリンで知り合っていたフランスの社会学者レーモン・アロン（一九〇五―八三年）に会ったり、アロンの紹介でパリ高等研究学院のロシア人哲学者アレクサンドル・コジェーヴ（一九〇二―六八年）のゼミナールに顔を出したりもした。コジェーヴは当時、ヘーゲルの『精神現象学』を翻訳しながら注解する独特の講義をおこなっており、その参加者に影響を与えていた。ジャン＝ポール・サルトル（一九〇五―八〇年）やジョルジュ・バタイユ（一八九七―一九六二年）やモーリス・メルロ＝ポンティ（一九〇八―六一年）、ジャック・ラカン（一九〇一―八一年）といった戦後フランス思想界を代表する人びとが、コジェーヴの聴講生だった。のちにアーレントはそこで知り合ったアレクサンドル・コイレ（一八九二―一九六四年）と親しくなり、ヘーゲル読解においてコジェーヴやコイレを参照した。

ユダヤ人としての仕事

あくまでも文筆で食べていこうとしたアンダースと違って、アーレントは身分証明書なしでも手に入る仕事を必死で探す。二人の生活をやりくりしなければならなかったし、当時の彼女はもはやアカデミズムの世界で生きるつもりはなかった。ドイツで大学教授たちのナチへの同調を目の当たりにした彼女は、二度とこうした「グロテスクな」世界とかかわるまいと考えていたのである。いまやユダヤ人であることは彼女にとって「政治的な問題」となる。彼女は、「実践的な仕事」、「ユダヤ人としての仕事」につきたいと望み、一九三四年になってようやく「農業と手工業」（Agriculture et Artisanat）という、ユダヤ人青年に職業訓練をおこなう組織で秘書の職を得た。この組織は三三年に創設され、フランスの「ドイツ系ユダヤ人救援全国委員会」と連携しつつ、ユダヤ人の若者にパレスティナへの移住に備えた教育をほどこすことを目的としていた。農耕や手工業の訓練のほか、ユダヤ人の歴史やシオニズムの授業、ヘブライ語とイディッシュ語の講座などがおこなわれた。当時パリでは同様の小さな組織がいくつかあり、「農業と手工業」は三五年末には他の組織と統合されることになる。親とともにドイツから避難したユダヤ人の多くの若者たちは、教育を受ける機会も将来の展望もない状況のなかで暮らしていた。こうした若者たちの手に職を与えてパレスティナへと合法的に送り出すことが、アーレントが携わった仕事だった。

彼女は「農業と手工業」の後は、一九三五年から三八年まで、青少年のパレスティナへの移住を援助する「青年アリヤー」(Jugend Aliyah) のパリ事務所の事務局長として働いている。三五年には青年移住グループを引率してパレスティナにも行った。「青年アリヤー」は、ユダヤ女性レヒャ・フライアー(一八九二―一九八四年)によって三二年にベルリンで創設された。フライアーはドイツではユダヤ人の青少年に職業教育や雇用の可能性がないことをいち早く見抜き、農業労働者としてパレスティナに移住させる組織を立ち上げたのである。こうした試みは、子供たちだけを移住させるという点で最初は親たちや他のユダヤ組織からは懐疑的に見られていたが、結果として数千人の若者たちの命を救った。アーレントはのちに当時の仕事について次のように語っている。

それは、文字どおりの社会事業、教育事業でした。田舎に大きな収容施設があり、そこで子供たちはパレスティナ行きの準備をし、授業を受け、農業労働を学びました。何よりも子供たちは体重を増やす必要がありました。私たちはといえば、子供たちに頭から足まで着る物を揃えることから、食事の用意、書類の準備、親たちとの交渉、そして資金の調達まで、これらいっさいの仕事をこなさなければなりませんでした。とりわけ資金の工面が私に任されていました。私はフランス人の女性たちと一緒に働いていました。
（「何が残った？　母語が残った」）

三八年に「青年アリヤー」のパリ事務所がロンドンに移された後、アーレントは「パレスティナのためのユダヤ機関」（Jewish Agency for Palestine）でオーストリアとチェコからの避難民を救援する仕事につく。ナチ・ドイツは一九三八年三月にオーストリアを、同年九月にはチェコスロヴァキアのドイツ国境地帯であるズデーテン地方を併合し、翌年三月にはチェコスロヴァキアを解体した。オーストリア併合以降の避難民は、資産をほぼ奪われた状態でドイツ占領地域を脱出する大量の難民となっていた。この時期になるとどの国も移民規制を強化し、行き場のない難民たちは国から国へ転々とするか、難民船に乗って非合法にパレスティナに入るしかなくなっていた。仮設の難民キャンプをつくった国もあった。

アーレントは、「農業と手工業」から「青年アリヤー」へと移る間の時期に、フランスの富豪ユダヤ人であるロトシルト（ロスチャイルド）男爵夫人の慈善事業を補佐する個人的秘書として雇われ、パリのユダヤ人上流階級の世界を垣間見たことがあった。彼らが中心となっていた「長老会議」は、フランスのユダヤ人社会をとりしきり、フランス政府からユダヤ人対策についての意見を求められることもあった。また、慈善団体をいくつももっていたが、慈善事業として資金援助はしても政治的に行動することを忌避し、反ユダヤ主義から避難してきたユダヤ人たちを同胞としては見なさなかった。彼らは、早い時期の知識人亡命者たちのことも「博士様、たかり屋様」と呼び、嫌悪感を隠さなかったが、激増するユダヤ人難民にたいしては、自分たちが同化してきた社会の反ユダヤ主義を高めるとして、厄介払いするような雰囲気もあったのである。

ユダヤ人としての実務的な仕事に取り組みながらも、アーレントは自分の眼前でくり広げられる出来事を理解しようとする。この時期の経験もまた、彼女がドイツからたずさえてきたラーエル・ファルンハーゲンの研究の仕上げや他の研究・執筆活動（彼女は理解するために書く）、そして彼女の思考様式に影響を与えていく。

パリの亡命者たち

アカデミズムの組織からは離れ、ユダヤ人としての仕事に重心を置きつつも、アーレントは出来事を理解するための新しい知識や視点を得たり、自分の考えを表現したりする場を必要としていた。一九三六年、アーレントはそうした精神的な支えとなる集まりと出会う。ヴァルター・ベンヤミン、ベンヤミンの友人で戦争神経症の問題や薬物中毒患者の治療政策に取り組んだ神経科医フリッツ・フレンケル（一八九二―一九四四年、メキシコで死亡）、ユダヤ人のトロツキストで法律家のエーリッヒ・コーン＝バンディ（一九〇二―五九年、六八年革命のリーダーで、EUの政治家ダニエル・コーン＝バンディの父にあたる）、表現主義の画家カール・ハイデンライヒ（一九〇一―六四年）、のちにアーレントの二番目の夫となるハインリッヒ・ブリュッヒャー（一八九六―一九七〇年）、「農業と手工業」でイディッシュ語を（アーレントにも）教えたポーランド出身の作家ハナン・クレンボルト（生没年未詳）たちである。

クレンボルト以外はみなベルリンからの亡命者だった。ドイツ共産党（KPD）創設大会にも参加したフレンケルは、ユダヤ人共産主義者としてナチに逮捕され拷問を受けたが、知人の強力な介入によって釈放され、一九三三年一〇月にパリに入っていた。三六年七月に始まったスペイン内戦に国際旅団の医師として加わったが、彼はこの戦いを「人命の浪費」と見なし、党の方針に反対して三七年一月にパリに戻った。

ハイデンライヒはスパルタクス団に参加してドイツ共産党に入ったが、労働者から離れてソ連の政治の傀儡《かいらい》となった党を批判し、二九年ブリュッヒャーとともにドイツ共産党反対派（KPO）に入った。彼の作品はナチによって「退廃芸術」と見なされた。さらに共産主義者として命の危険にさらされ三四年に亡命。スペイン内戦ではマルクス主義統一労働者党（POUM）に加わり、共産党の拷問を受けた。

三八年四月、スペインのハイデンライヒから「絶望を綴《つづ》った手紙」を受け取ったブリュッヒャーは、アーレントへの手紙でカールのために「すべてを尽くす」と書き、次のように続けている。「共産党員はファシストから逃げ、しかもその前には、これまで自分たちとともに闘ってきた何千もの人間を射殺した」。三六年にブリュッヒャーは、スターリン主義者たちに査問をうけ他の「日和見主義者」とともにドイツ共産党から除名されていた。『ハンナ・アーレントとハインリッヒ・ブリュッヒャー――ドイツ・ユダヤの対話』の著者ベルント・ノイマンは、この時期から政治の観察におけるアーレントとブリュッヒャーの役割分担が生じたと指摘している。アーレントが反ユダヤ主義をふくむ右翼の分析に集中し、ブリュッヒャーがスターリンによる支配に変質していく左翼の分析を引き受けた形であった。

ブリュッヒャー

一九三六年の春にアーレントが出会ったとき、ハインリッヒ・ブリュッヒャーは偽名を使い、ブルジョア旅行者風のいでたちをしていた。もっとも、実際にはひどく貧乏な共産主義者だった。ベルリンの労働者階級の生まれで、専門的な職業もなく知識人でもなかったが、独学で身につけた幅広い知識と鋭い政治的感覚、人を魅了する話術をもっていた。二回結婚していてパリにも恋人がいたが、アーレントにはたちまち惹かれた。アーレントは、若いころのハイデガーとの恋愛やアンダースとの結婚の失敗から慎重であったようだが、三六年六月「陰鬱で憎しみに満ち、妻にとっては耐えがたい変人になっていた」アンダースが単身でアメリカ合衆国に出発した後、急速に恋に落ちた。以後二人は生涯にわたって、互いの最も大切な対話の相手、精神的な故郷ともいうべき存在となる。

ブリュッヒャー

ブリュッヒャーは生まれる前に父を工場の事故でなくし、母一人の収入で育てられた。アルバイトをしながら教員になるための学校に通っていたが、一七年に第一次世界大戦に召集され学業を中断している。ドイツ革命のなかで兵士評議会、ついでスパルタクス団に参加し、ドイツ共産党に入った。党の仕事をしながら、一九二〇年代には軍事史や政治理論、芸術史などを学んだ。下からの革命、評議会を重視し、また、都会っ子としてワイマール時代のベルリンの現代大衆社会に生き、詩人・作詞家で俳優のローベルト・ギルベルト（一八九九－一九七八年）と親友だった。ギルベルトは、ヴェルナー・R・ハイマンが音楽を担当したオペレッタ映画『会議は踊る』（一九三一年）の「ただ一度だけ」（Das gibt's nur einmal）や『狂乱のモンテカルロ』（同年）の「これぞマドロスの恋」（Das ist die Liebe der Matrosen）の作詞などで知られている。ギルベルトとの関係で、ブリュッヒャーは映画会社ウーファ（UFA）の製作現場にも出入りしていた。舞台装置を描きにきていたハイデンライヒに彼らが会ったのも、そうした巡り合わせだったようだ。ブリュッヒャーを通じてアーレントは、政治的にも文化的にもそれまでの彼女にはなじみがなかった世界とふれあうことになる。ブリュッヒャーの親友は彼女の親友になり、のちに彼女はギルベルトの詩集のあとがきを書き、ハイデンライヒの画集に寄稿した。

こうした友人たちが集まったベンヤミンのアパルトマンでは、フランスの政治やユダヤ人問題、マルクス主義やファシズム、哲学や文学、さらにはそれぞれの生活状況のことなど、多くのことが語られ、共有されていた。こうして日々の糧《かて》を与えあわなければ生き延びられない状況があったのだ。

ベンヤミン「ブレヒトの詩への註釈」

批評家ベンヤミンは自分の方法を「内面生活における予防接種」と名づけ、やがて到来する喪失や破局を自覚しながら書いていた。一九三三年に亡命し、パリを中心に窮乏した亡命生活を送るなかで、「小さな、黒い装丁の手帳」に引用文を収集しつづけ、批評的断章を綴り、その原稿やメモをあちらこちらの友人たちに託していた。シオニストとして二三年にイェルサレムに移住していたユダヤ神秘主義研究の創始者ゲルショーム・ショーレム（一八九七－一九八二年）とは若いころからの親友で、パリでアーレントと親しくなってからは、彼への手紙で彼女についてふれ、彼女のラーエル・ファルンハーゲン研究の原稿を彼に送っている。パリではアーレントたちとともにショーレムの著作も読んだ。また、詩人ベルトルト・ブレヒトとは二九年から親交を深め、三四年、三六年、三八年にはブレヒトの亡命先であるデンマークのスヴェンボルに滞在して対話を重ねた。ベンヤミンは数々のブレヒト論を書いたが、その最後の一つに三八年から翌年にかけて書かれた「ブレヒトの詩への註釈」がある。そのなかでベンヤミンは、『都市住民のための読本』（一九二六－二七年に成立、一九三〇年に公刊）を取り上げた。ブレヒトの詩から一部を引用してみよう（以下、拙訳による）。

仲間たちとは駅で別れろ／朝、上着の胸元を閉じて町に入れ／宿を探せ、そして仲間がドアを叩いたら／開けるな、おお開けるな／開けずに／痕跡を消せ！

ハンブルクかどこかの都市で／親に会っても／そ知らぬ顔で通り過ぎ／角で曲がれ／彼らに気づかせるな／帽子を目深にかぶれ／彼らからもらった帽子を／見せるな、おお顔を見せるな／見せずに／痕跡を消せ！

気遣え、死ぬつもりなら／墓碑が残って居場所がばれることがないように／名を示すはっきりした文字や／罪を証す没年とともに／もう一度言う。痕跡を消せ！

アルノルト・ツヴァイクによれば、一九三五年に亡命者の集まりでこの詩が朗読されたとき、彼らは驚きで麻痺したようだったらしい。非合法の存在として身を隠しながら生きる自分たちの経験が先取りして描かれていたからだという。ベンヤミンは、ワイマール時代後半のブレヒトの政治的活動の経験にふれ、「痕跡を消せ！」は、階級闘争の舞台である「戦場としての都市」で潜在的亡命者、つまり非合法活動家に下される指示だと書いた。また、最後の詩行は、ヒトラーたちによって非合法活動家の専有物ではなくなってしまったと加えた。
いつもの仲間たちの集まりの場所でこの詩が話題になったとき、ブリュッヒャーはこうした解釈に異論を唱え、この詩のある部分はソ連の国家政治保安部（GPU）の活動を表現したものにほかならないと述べたという。彼は共産党の最悪の部分とナチのおぞましさの共通点を指摘した。さらには、三番目の詩にある次のような詩行をナチズムによって遂行された反ユダヤ主義とのみ結びつけることにたいしても、反論したという。

私たちはあんたの家から出ていくつもりはない／竈《かまど》を壊すつもりもない／竈には鍋をかけるつもりだ／家と竈と鍋はそのままでいい／あんたは消えてくれ、空の煙のように／誰も煙は引きとめない。

都市は変わってもいいが／あんたが変わるのは許さない／石には話しかけるが／あんたのことは殺そうと思う／あんたは生きてはならない／どんな嘘を信じるはめになるにせ

よ／あんたが過去に存在したことはあってはならない

ベンヤミンはブリュッヒャーの批判を受け入れ、次のように書きとめている。

『都市住民のための読本』の三番目の詩へのぼくの註釈にたいするブリュッヒャーの反論は正しい。ここで表されている活動にサディズムの要素を持ち込み、それを搾取者ではなくユダヤ人に転用したのはヒトラーが初めてではなく、すでにブレヒトによって書かれているようにこのサディズムの要素はそもそも「搾取者にたいする強制収用」のなかにあるということだ。

「搾取者にたいする強制収用」はプロレタリアートではなく、より強い搾取者に有利な結果をもたらすということである。「革命的労働者とのつながりがあれば、ブレヒトはGPUの活動が労働者運動にもたらした危険で深刻な過ちを、詩的に美化せずにすんだかもしれない」とベンヤミンは記している。のちにアーレントはこれらの議論を引き継ぎ、ナチズムとスターリニズムにおけるイデオロギーの役割や、両者の類似性と取り組むことになる。

亡命者と友情

こうしたやりとりはあったが、彼らはブレヒトの詩を愛し、ベンヤミンがスヴェンボルから持ち帰って亡命者仲間に配った「老子の亡命途上での『道徳経』の成立についての伝説」について語り継ぎ、まもなくそれぞれの身に起こる抑留所生活のなかで大切にたずさえた。ブリュッヒャーは、抑留所で出会った人間と友人になれるかどうかのリトマス試験紙としてもこの詩を使ったようだ。

「教えを説いて生きてきた」老子が、わずかばかりの荷物を持って、お供の少年と牛との三者で岩山を越えて亡命しようとしていた。税関吏に呼び止められるが、申告する物は何もない。少年から、「動いているしなやかな水が時とともに強固な石に勝つ。堅固なものが負けるんだ」という老子の教えを聞いた税関吏が、後から追いかけてきて「興味がある」という。税関吏は、「書いていってくれ／その子に語って書き取らせてくれ」、「うちには紙も墨もある／晩飯もある／うちはあそこだ」と呼びかけた。老子は、「つぎのあたった服／素足／額には一筋の皺《しわ》」といういでたちの税関吏に、「ああ、勝者が寄ってきたのではなかった」として、少年に「よし、ちょっと寄っていこう」と言い、七日間二人で書き続け、『道徳経』

が書き残される。
この詩はブレヒトの表象世界で「友情」が演じる役割を示している、とベンヤミンは言う。そして、老子の知恵と、税関吏の知識欲と、彼らの「友情」がなければ、『道徳経』は伝えられなかったという物語として、この詩を読む。「こうした友情についてひとはその詩のなかでさまざまなことを知る」。第一に、老子が税関吏を観察してから行為すると

ベンヤミン

いうことからして、友情が無思慮なものではないということ。第二に、「ちょっと寄っていこう」という身ぶりに示されるように、大きなことをあたかも小さなことであるかのようにおこなうということである。そして、この詩から伝えられる第三の意味としてベンヤミンは次のように述べた。

友情は人びとのあいだの距離をなくすのではなく、生き生きとしたものにするのだとい

うことを知らされる。

（"Kommentare zu Gedichten von Brecht"）

ベンヤミンは老子や少年や税関吏の「屈託のなさ」に注目し、「しなやかな水が時とともに強固な石に勝つ」という言葉に、「事物の変化を見逃さないこと。水のように目立たず無味乾燥で無尽蔵のものを手放さないこと」という注釈を加える。そして、「堅固なものを打ち負かそうとする者は、親切である機会を見逃してはならない」と語ったのだった。

II　収容所体験とベンヤミンとの別れ

第二次世界大戦勃発

一九三九年九月一日、ドイツ軍がポーランドに侵攻。イギリスとフランスはドイツに宣戦布告し、第二次世界大戦が始まった。「敵性外国人」となったハインリッヒ・ブリュッヒャーは、その一週間後にはコーン＝バンディらとともにパリの南西にあるオルレアンの近くのヴィユマラールの収容所に二ヵ月抑留された。労働奉仕もあったがブリュッヒャーはこの強制的に与えられた時間を利用してカントを読み、仲間を励ましていたという。激しい胆石性腹痛を患い、友人の尽力によって釈放された。

ブリュッヒャーがパリに戻った後、四〇年一月にアーレントとブリュッヒャーは正式に結婚した。二人の合衆国への緊急入国ヴィザを同時に得るためである。独身者である場合、ヴィザは別個で与えられるため、同時期に出国できる保証はなかったからだ。

ドイツ軍の攻撃が続くなかで、同年五月五日にフランス政府から次のような指令が出された。一七歳から五五歳までのドイツ出身者、男子すべてと未婚あるいは子供のいない女子すべてに出頭を命ずる、というものである。男性は五月一四日に「ビュッファロ競技場」に、女性は五月一五日に「冬季競輪場」に集められた。「冬季競輪場」は一九四二年七月にフランス警察がパリ中のユダヤ人老若男女を逮捕したヴェル・ディヴ事件の舞台となった場所だ。ブリュッヒャーとアーレントはそれぞれの出頭先に向かった。この時期には二人とともに暮らしていた母マルタは五五歳以上だったのでアパルトマンに残った。アーレントはこうした状況について書いている。

われわれはユダヤ人であるがゆえに、ドイツから追放された。だが、なんとか国境を越えてフランスに逃れると、われわれは「ドイツ野郎《ボッシュ》」に転じた。それどころか、われわれは、本気でヒトラーの人種理論に抵抗するつもりなら、この呼び方をうけいれなくてはならないとまでいわれた。七年のあいだ、われわれは、フランス人――少なくとも将来のフランス市民――になろうとするばかげた役を演じた。戦争がはじまるとすぐ、われわれは相変わらず「ドイツ野郎」として抑留された。（「われら難民」）

ギュルス収容所

五月二三日にアーレントたち女性は、「冬季競輪場」からフランス南西部のピレネー山脈近くのギュルス収容所に収容された。ドイツ出身ということで、ナチも反ナチの政治的亡命者も非政治的なユダヤ人亡命者もみな混ざっていた。そのなかには、フリッツ・フレンケルの友人で、のちにベンヤミンのピレネー越えを案内した人物として知られることになるリーザ・フィトコもいた。

この収容所の環境は非常に劣悪であった。「号令と足踏み」による整列と労働が支配し、

地図2

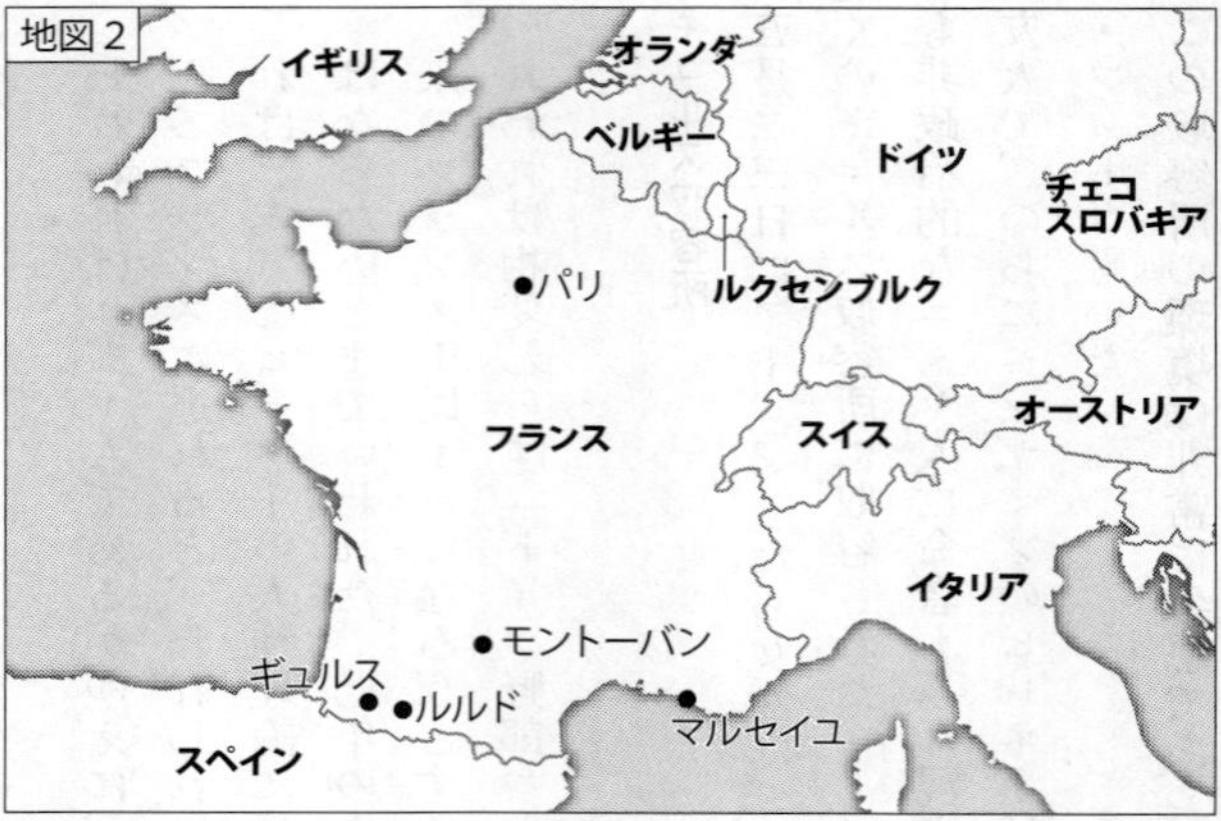

雨が降れば即座にぬかるむ泥土の上に建てられたバラックでわらぶとんに寝て、一日一個のパンと硬いひよこ豆のスープしか与えられない。赤痢《せきり》も流行する状況だったという。フィトコは、『ピレネーを越えるわたしの道』（邦題『ベンヤミンの黒い鞄』）として公刊された回想録のなかで、そのときの生活を生々しく物語っている。

女性たちは、収容後数日間は呆然《ぼうぜん》としていた。しかし、最初のショックが癒えると、朝の化粧や「身嗜《みだしな》み」に時間をかけるようになってきた。フィトコはそれを「驚くべき光景」として描いている。「暗いバラックに入ってゆくと、埃《ほこり》の立つわらぶとんに女たちがすわり、床は乾いた粘土の塊だらけだった。女たちは念を入れて化粧し眉を引き、髪をカールしていた」という。アーレントも、環境の醜さに感染しないように、最善を尽くして身なりを整えることを主張していたという。さらに彼女たちは、英語や絵などのあれこれの講習会やグループをつくり、そこで可能なかぎりのことを始めた。とりわけ印象的なのは、彼女たちが代表団を組織して抗議行動について激しい議論を重ね、収容所管理者と接触をとることを拒否した点である。たとえばフィトコたちは、収容所管理者からくりかえし要請された被収容者のリスト作りにたいして、「わたしたちはフランスの警察ではありません」「わたしたちは囚人です。リストは作りません」と言い続けたのだ。彼女たちはまず自分たちの小さな環境や身体に注意を向け、管理側の流れに巻き込まれることを拒んだ。もしそのとき誰がナチで、誰が反ナチで、誰がユダヤ人かというリストが作成されていたとしたら、そのリストは、最初はフランス警察に、ついで親独ヴィシー政権に、さらにはナチの手に渡ることになったであろう。

やがてギュルス収容所には空白が訪れる。フランスがドイツに降伏し、ナチがパリに入る事態となったからである。一九四〇年六月一四日のパリ占領後の数日間の混乱を、唯一のチャンスと見なしたフィトコやアーレントたちは、偽の釈放証明書を手に入れて脱走した。この混乱を自由のチャンスとして選択しなかった人びと、たとえば脱走後の行き先が思いつかなかったり、夫が迎えにくるのを待とうとしたりしてとどまった多くのユダヤ女性たちは、ナチによって絶滅収容所に送られることになった。「ドイツ人であるがゆえに監禁されていたが、ユダヤ人であるがゆえに解放されないことになった」のである。

アーレントはその後シムノンの推理小説を愛読し、フランス警察の機構と行動様式にたいする不信をさらに増幅させていたという。同年一〇月には、ユダヤ人は全員もよりの県知事に届け出て氏名を登録せよ、というフランス警察の命令が出た。そのときアーレントは、これに応じないように、と友人たちに警告する。届け出の拒否は無国籍状態に法律違反が加わることを意味したが、従順に届け出た者は、役所のリストに住所を提供した後、逮捕されることになった。

ベンヤミンとの最後の日々

ギュルス収容所から脱走した後に単独行動をとったアーレントは、ギュルスから遠くない、聖母マリアの奇蹟でよく知られている町ルルドに立ち寄った。ルルドで彼女は偶然ベンヤミンに再会し、それからの数週間を一緒に過ごしている。一九四一年一〇月一七日付のゲルショーム・ショーレム宛ての長文の手紙のなかで、アーレントはこのときのことを次のように書いている。

六月半ばにギュルスから脱出したとき、私も偶然ルルドに行ったのですが、彼がいたので数週間そこにとどまりました。敗戦の直後で、数日後にはもう列車は動いていませんでした。家族や夫や子供や友人がどこにいるのか、誰も分かりませんでした。ベンジ〔ベンヤミン〕と私は朝から晩までチェスをして、新聞があるときには休憩時間に読んだものです。かの有名な引き渡し条項をふくむ休戦協定が公示される瞬間までは、何もかもそこそこうまくいっていました。それ以後はもちろん私たち二人にとって状況は厳しくなってきましたが、ベンジが実際にパニックに陥ったとは言えません。でも、ドイツ人を恐れて逃亡していた捕虜の最初の自殺の知らせが届きます。そしてベンヤミンは私に自殺について口にしはじめたのでした、この抜け道があるじゃないか、と。それにはまだ早い、という私の猛烈な説得にたいして、彼はいつも決まって、そんなことは決して分からない、けっして手遅れになってはいけない、とくりかえしました。

こうしてルルドで過ごした後、アーレントは七月初旬に、行方不明の夫ブリュッヒャーを探すためにフランス南西部の都市モントーバンに向かって出発する。モントーバンの市長は社会主義者で、亡命者や収容所からの脱走者たちに住居を提供していたのだ。アーレントの出発にベンヤミンはよい顔をしなかった。アーレントは彼を「できれば一緒に連れて行きたかった」が、書類をもたない無国籍者の移動は危険であり、ルルドにとどまっているほうがベンヤミンの身は安全だった。

文書の壁

モントーバンでアーレントとブリュッヒャーは再会し、九月にはヴィザ取得のためにモントーバンからマルセイユのアメリカ領事館に通うことになり、八月からマルセイユ入りしていたベンヤミンと会うことができた。ベンヤミンはすでに、アメリカの入国ヴィザと、スペインとポルトガルの通過ヴィザを得ていた。ベンヤミンにとって唯一足りなかったのは、フランスの出国ヴィザであったが、その取得はその時点では事実上不可能だった。出国ヴィザを入手するためには、ナチ支配地域に戻らなくてはならなかったからである。だから非合法に国境を越えなければならなかった。彼はアーレントたちに、「三人で一緒に行ってほしい、いまからスペインの通過ヴィザをとってほしい」と頼んだが、このときもアーレントとベンヤミンの同行はかなわなかった。というのも、ベンヤミンのスペイン通過ヴィザの期限は残り八日か一〇日であり、アーレントたちの通過ヴィザがそれまでに出ることは望み薄だったのだ。ベンヤミンが今回の通過ヴィザをあきらめてもう一度申請しなおし、アーレントたちとともに非合法にモントーバンに行くか（二度目の申請が受け入れられることは考えにくく、また、フランス国内の地域間の合法的移動にもパスポートが必要だった）、それともアーレントたちとは別に出国するかしかなかったのである。ベンヤミンは後者を選んだ。アーレント夫妻がベンヤミンを見たのはそのときが最後になった。

フィトコの回想録が伝えるところによれば、ピレネーの国境を越える険しい山道で、心臓に持病のあったベンヤミンは、時計を見つめながら一〇分歩いて一分休むというペースを守ることに集中していた。そうでなければ山越えの苦痛に耐えられなかったからだ。スペイン側にどうにかたどり着くことはできた。ところが、そこではすでに無国籍者が国境を通過できないというルールに変わってしまっており、フランス側に引き戻されることを知ったベンヤミンは、その日のうちに大量のモルヒネを飲んだ。

第3章　ニューヨークのユダヤ人難民　一九四一―五一年

I　難民として

アメリカ到着

一九四一年五月二二日、アーレントとブリュッヒャーはニューヨークに着き、翌日、ギュンター・アンダースに無事を知らせる電報を打った。三六年にパリからアメリカに渡り、当時ロサンゼルスに住んでいたアンダースは、アーレントたちのためにアメリカ入国に必要な身元保証の手配をしてくれていたのだ。アーレントたちは、ヴィシー政権が出国規制を緩和した四一年一月に、フランスからリスボンに移動していた。第二次世界大戦で中立国であったポルトガルの首都であり、港湾都市であったリスボンは、当時ヨーロッパから脱出するために残された唯一の門だった。アメリカ行きの巨大「待合室」として亡命者が押し寄せていたこの街で、彼女たちは数ヵ月の間待ちつづけ、五月一〇日にようやく乗船することができたのである。

アーレントは、二月半ばの友人宛ての手紙には「どのくらいここにいることになるのか分からないし、今のところ船の切符も入手できていない」と書いていた。四月になってやっと「一ヵ月のうちに脱出できるかもしれないというかすかな望みを得た」と伝えている。しかし、切符は得ても、こんどは座席券をめぐって「本物の戦い」がくり広げられ、まるで「サイコロ次第で進んだり戻ったり、あるいは最初から始めなければならなくなる、昔なじみのゲーム〈怒らないで〉Mensch ärgere Dich nicht」（ドイツでポピュラーなすごろくに似たゲーム。怒って泣き出す子供も多いために、この名がついている）のようだったという。アーレントは、同時期にヴィザをとることができなかった母マルタのためにひと月後の乗船券を用意した。最後にたどり着いたニューヨークでは、アッパーウエストサイド九五丁目三一七に簡易家具付きの部屋を二室、自分たち夫婦とマルタ用に借りた。多くの亡命者たちが住む安家賃のアパートで、台所やトイレは共同だった。それでも「ここ数年では最高に豪華」な住まいだったという。

アーレントは、五月三一日付のアンダースへの手紙で、「明日は〔ヨーロッパに〕残った友人のために、一連の人たちすべてと連絡をとらなければならない」、「ここの人たちはみな忌々《いまいま》しいことに、もうすべてが手遅れだとすっかり信じ込んでいます――わたしはまったくそう思っていませんが」と書いている。一九四一年の時点で「手遅れだ」と信じることは、

アドルノ

ヨーロッパに残った人びとを見捨てることにほかならなかった。アメリカ到着後のアーレントのまなざしは、廃墟となりつつあるヨーロッパや残してきた友人、そして死んでしまった友人たちに向けられていた。

彼女はニューヨーク到着の数日後には、三四年にフランクフルトからニューヨークに本拠を移していた「社会研究所」に、ベンヤミンの友人である哲学者アドルノを訪ねている。四〇年九月二〇日にマルセイユでベンヤミンから託された原稿を、アドルノに届けるためだった。マルセイユで別れてから六日後の九月二六日にベンヤミンがスペイン国境で命を絶ったという訃報がアーレントに届いたのは、その四週間後の一〇月半ばだった。アーレントの悲痛はどれほどだったことだろう。彼女に渡された原稿の一つである、いまでは有名な「歴史哲学テーゼ」（「歴史の概念について」）は、ベンヤミンの名前を宛先とするスイス新聞の封筒を切り開いた紙に、小さな這《は》うような文字でぎっしりと書かれている。ベンヤミンが自身の命よりも大切にし、その行く末を案じていた原稿をたずさえて、アーレントはアメリカに着いた。そして亡き友にたいする思いを抱えつづけ、原稿をなかなか出版しようとしない社会研究所のメンバーたちにも不信をいだくことになる。

生きるための英語習得

六七歳のマルタは、アーレントたちよりもひと月遅れて、疲弊した小さな体になってアメリカに到着した。ニューヨークには、ケーニヒスベルクの古い友人であったラビのフォーゲルシュタインや、彼の妹ユーリエ・ブラウン＝フォーゲルシュタインがすでに移住しており、とりわけユーリエ・ブラウン＝フォーゲルシュタインはアーレントたちを支援してくれたが、他には知人もいなければ言葉もつうじない土地で生活することは、マルタにとって容易ではなかった。それでもどうにか少し落ち着いてきたころ、アーレントは難民自助会によって紹介されたマサチューセッツ州ウィンチェスターのアメリカ人家庭で、家事手伝いをしながら英語を学ぶことにした。各種の難民支援団体やアメリカ・シオニスト機構からの援助は受けていたが、アメリカで生活し、食べていくためには、英語の習得が不可欠だったからである。アーレントは、ギリシア語・ラテン語・フランス語は堪能だったが、英語は一から学ぶ必要があった。彼女はウィンチェスターで一九四一年七月一八日から八月半ばまで、マルタとブリュッヒャーをニューヨークに残してホームステイをした。そして英語を学んだだけでなく、ときには摩擦を感じながら、アメリカ的な生活や政治文化を体験したのである。

三三年から四四年までの間に、およそ二万三〇〇〇人から二万五〇〇〇人の知識人たちがヨーロッパからアメリカに移ったと言われている。知識人の大移動とも呼ばれるこの事態は、アメリカの学問や文化をきわめて豊穣《ほうじょう》にしたけれども、ヨーロッパにとってそれは、回復に数十年を要するほどの知的大損失であった。新世界での知識人たち自身の経験や適応状況は、知名度や年齢や学問分野によってさまざまであった。アルバート・アインシュタインやトーマス・マンといった国際的著名人は、アメリカでも同等の地位と名声を得るのに困難はなかった。しかし彼らほど知名度がない教授たちにとっては、パスポートをもたない難民としてのスタートは、かなりの心労をともなうものであったようだ。アーレントはドイツで博士号までは取得したが、すでに獲得した地位があったわけではなく、英語を習得しなければやっていけない世代に属していた。アーレントより二歳年上でのちに著名な国際政治学者となり彼女の親しい友人にもなったハンス・モーゲンソー（ドイツ生まれのユダヤ人、一九〇四―一八〇年）は、三七年にニューヨークに移ったが、最初はエレベーター係として働き、英語を学んだという。彼らには年長の世代のような名声への期待はなく、アメリカでネットワークを広げなければ生きてはいけないという覚悟があった。また、アメリカの知識人社会では英語の訛《なま》りなどは問題ともならず、ヨーロッパからの有能な人びとを受け入れる開放性があった。彼らよりもっと若い世代は、アメリカで教育を受け、訛りのない英語を話すことになる。

アーレントは、一〇月五日には初めて英文で、ユダヤ問題事務局長のテオドール・ヘルツル・ガスターに手紙を書いた。論文を発表する場を得るためだった。「七月二一日付のお手紙へのご返事が今日になってしまったことをお許しください。夏の間英語の力をつけるためにアメリカの家庭に滞在し留守にしていたのです。私の勉強の成果が出てからご連絡するほうがいいと思いました」と始まるその手紙には、自己紹介と自分の身元保証となる人びとの名前が書かれ、履歴書とドイツ語での論文趣旨「ドレフュス事件とその後」がそえられている。この論文はドイツ語で完成され、ガスターによって英語に翻訳されて翌年の『ユダヤ社会研究』に発表された。アーレントが初めて英語で発表した文章は、四二年四月の『レヴュー・オブ・ポリティックス』でのプロイセンの外交官フリードリヒ・フォン・ゲンツの研究書の書評文だった。

家族それぞれの苦労

ブリュッヒャーはアメリカ到着後しばらくのうちは、アーレントほど柔軟には動けなかったようだ。英語の習得にも苦労した。書くのは苦手だが話術にすぐれたブリュッヒャーにとって、英語の習得は、ドイツ語という「ストラディバリ」（名器）を盗まれて三流楽器を手に入れるのに途方もない代価を払うようなものだったらしい。最初に見つけた化学薬品工場での労働は骨の折れるものだった。その後、「国民士気委員会」（Committee for National Morale）の研究調査員として第二次世界大戦へのアメリカの参戦を支持し、ウォーリッツという偽名で『枢軸国の大戦略―全体戦争への青写真』（*The Axis Grand Strategy: Blueprints for the Total War*）という本の作成に携わっている。

難民生活をやりくりするために、みな必死で働いた。マルタも家事を一手に引き受け、レース編みの内職をして家計を支えている。もっとも、娘の夫であるブリュッヒャーとの関係はあまりうまくいかなかった様子で、当時とりわけ研究や知的対話といった精神生活においてブリュッヒャーの全面的支援を必要とした愛娘ハンナとの距離のとり方も難しく、またアメリカ社会にもとけこめずに、孤独な状態が続いたという。一九四八年に継娘エーファ・ベーアヴァルトの住むイギリスで暮らすことを決めたが（マルタの二番目の夫マルティン・ベーアヴァルトはケーニヒスベルクで一九四一年に病死)、渡航中の船上で喘息《ぜんそく》の発作を起こし、到着後も回復しないまま、ロンドンで七四歳の生涯を閉じた。

論争的エッセイストの誕生

若きアーレントに政治的影響を与えていたシオニストのクルト・ブルーメンフェルトは、一九三三年にパレスティナに移住し、ヘブライ大学やケレン・ハイェソド(ユダヤ建国基金)の執行部を務めていた。彼は、三九年にケレン・ハイェソドの委託でニューヨーク入りしている。そして四一年九月に、ドイツ系ユダヤ人亡命者の組織「新世界クラブ」で「ユダヤ人の軍隊」に関する講演をおこなった。マサチューセッツから戻っていたアーレントは、このブルーメンフェルトの講演に足を運び、そこでドイツ語の週刊紙『アウフバウ』(Aufbau、「建設」という意味のドイツ語)の編集長マンフレート・ゲオルゲと知り合う。『アウフバウ』は「新世界クラブ」の前身であったニューヨークの「ドイツ系ユダヤ人クラブ」の会報紙として始まったが、その後ニューヨーク以外の諸都市でも販売されるようになり、四〇年には発行部数一万部、四四年には三万二〇〇〇部を超える週刊紙に成長していた。とくに戦時下においては、『アウフバウ』紙がドイツ語圏出身の亡命者たちにとって重要な情報源となり、意見交換の場となっていた。

アーレントは、この『アウフバウ』の一〇月二四日号で、著名な亡命フランス人作家でペンクラブ会長であったジュール・ロマンへの公開書簡を発表している。同紙の前号でジュール・ロマンは、フランスの対ドイツ宥和《ゆうわ》政策を支持した自分を批判するユダヤ人作家たちに、怒りを示していた。平和のためにファシズムと闘い、多くのユダヤ人同僚たちを助けてきたと自認していたロマンは、彼らの「感謝のなさ」を非難したのである。アーレントは、これが「お偉方たちのこのもめごとをまったくの門外漢であるユダヤ人難民各界の一大関心事にしてしまうような問題」だと指摘した。

アーレントは、「世界でいまあまり好かれていないユダヤ人」にとって必要なのは、感謝を求める同情や慈善事業ではなく、ユダヤ人にたいする宣戦布告をヨーロッパ諸民族の自由と名誉にたいする攻撃だと見なしてくれる戦友なのだ、と述べている。アーレントによれば、恩人の政治方針に賛成できなくなったときそれに反対することは、勇気ある行為だった。「反ユダヤ主義者のあからさまな敵意より、尊大に感謝を要求したげな庇護者《ひごしゃ》の身ぶりのほうが、ぐさっとくるのです」。これが、アーレントにとって、アメリカの地での最初の論稿になった。この文章は、まだ無名であった彼女がまさにユダヤ人難民ハンナ・アーレントとして署名して「お偉方」に疑義をつきつけたものであり、論争的エッセイストとしての彼女の闘いの始まりでもあった。

『アウフバウ』への寄稿

編集長マンフレート・ゲオルゲはアーレントのこの論稿の力強さに感銘を受け、翌月から彼女は『アウフバウ』で定期的に記事を書くことになり、数ヵ月後には隔週のコラムを担当するようになった。論稿のテーマは、ユダヤ軍創設の問題やシオニストの政治、ユダヤ人や無国籍者の状況、パレスティナの将来など、多岐にわたる時事的な事柄であったが、厳しい批判や皮肉もふくむ彼女の語り口は、一貫して人間の尊厳を守ることへの緊張感に満ちている。それは、危機的な時代状況を把握しようとするアーレントの姿勢そのものであり、政治や権威ある組織への批判であり、亡命ユダヤ人たちへの切実な呼びかけであった。

たとえばアーレントは、「人は攻撃されているものとしてのみ自分を守ることができる」と書くことがあった。ユダヤ人として攻撃されるならば、イギリス人やフランス人としては自分を守ることはできない。ヒトラーによって攻撃対象とされ無国籍者となった多くのユダヤ人たちが、将来帰化する先を求めて、つまり、イギリスやフランスの国籍を求めて、外人部隊やレジスタンスに身を預けて戦っていた。しかし他方で、イギリス政府は一九三八年にパレスティナへのユダヤ人移住を制限する方針を打ち出し（当時パレスティナはイギリスの委任統治下にあった）、大量のユダヤ人難民を乗せた船が沈没するという事件が各地で起きていた。彼らに、安全のためにさしあたって自国での下船を認める国はほとんどなかった。アメリカ合衆国議会でも、ユダヤ人難民の受け入れ法案が次々と否決されていた。アーレントはこうした状況が無国籍という法的地位（のなさ）に起因して降りかかっていると指摘し、ユダヤ人はそうした地位を強いられた最初の民族にすぎない、と述べる。彼女は、ユダヤ人としてユダヤの隊列でヨーロッパ民族の一つとして反ヒトラー闘争に参加することこそが、そうした状況を将来打開する道につながると考えていたと推測できる。「自由は贈りものではない」「政治における忍耐は無気力に奇蹟を待つことではない」「われわれの運命はとくべつな運命ではない」「反ユダヤ主義から安全なのは月だけだ」、とアーレントは書いた。彼女はユダヤ軍創設の要求を応援した。ただし、そこで彼女が意図する「ユダヤ軍」とは、軍国主義者やテロリストを排除した、「非常事態でそうせざるをえない場合にのみ武器を手にとる労働者たち」の軍隊であり、パレスティナのユダヤ人農民やヨーロッパに置き去りにされた同胞のために立ち上がる民兵部隊であった。しかし、イギリス政府はこのようなユダヤ軍がつくられることを認めず、シオニスト指導部も、そうした大国の意向に従うことを優先させた。

アーレントはシオニストを批判し、ユダヤ軍創設についてそこに戦闘力が保証されないいま、ただ宣伝用の「トランペット」だけが残されるようなことは無意味であると断じて、『アウフバウ』に隔週で書いていたコラムを一九四二年一一月には中断している。四四年四月に彼女が連載を再開したのは、そのときワルシャワゲットーの蜂起に続くユダヤ人の地下運動の知らせが届き、なんとしてもそれについて書きたかったためであったという。以後ドイツ敗戦までの一年間、「ヒトラーが倒れてもユダヤ人問題が自動的に解決するわけではない」と論じて、ヨーロッパの諸民族とならぶ一民族としてのユダヤ民族の組織化、大国ではなく隣人であるアラブ諸民族の重視、小国との連帯、地中海連邦の可能性などについて、熱く議論をくり広げた。しかし、結局のところ、こうしたユダヤ人の政治をめぐるアーレントの希望は挫折したのだった。

II　人類にたいする犯罪

「アウシュヴィッツ」の衝撃

ナチ・ドイツは、政権獲得後すぐにドイツ南東部ダッハウに最初の強制収容所をつくり、政治的敵対者を法的手続きなしに拘禁することを可能にした。まもなく拘禁対象は、ユダヤ人やロマなどナチが人種的に劣等だと見なす集団、「民族共同体異分子」、「反社会的分子」へと拡大される。強制収容所の数は増大し、巨大な労働力供給システムへと発展していた。さらに一九四一年から四二年半ばには、占領下ポーランドの六ヵ所に絶滅収容所がつくられた。それは、ナチが労働力にならないと見なした囚人たちを大量に殺戮《さつりく》するための施設であった。なかでもポーランド南部のアウシュヴィッツ強制収容所は、隣接の軍需工場と最新の絶滅施設をもつ四〇平方キロメートルの巨大な複合体であった。貨車に詰め込まれて到着した囚人たちは、到着後すぐに選別され、労働力側に入らなかった人びとはガス室で毒ガスによって窒息死させられた。脱衣場と密閉されたガス室と死体焼却炉が併設されていた。殺害のプロセスは徹底的に合理化され、殺害効率をあげることがめざされた。近代技術の粋を集めたいわば工業的な大量殺戮であった。

一九四三年にアメリカでこのアウシュヴィッツの噂を聞いたとき、他の多くの亡命者たちと同様にアーレントは最初それを信じなかったという。ブリュッヒャーもアーレントも日ごろから「連中は何でもやりかねない」と言っていたにもかかわらず、二人とも信じることができなかったのである。なぜなら、膨大な建設・運営費用をともない、殺すことだけを自己目的とする絶滅収容所という制度は、あらゆる軍事的必要性に反していたからだ。ブリュッヒャーは「そんなことできるものか」とさえ明言したという。しかし半年後になって、彼女たちには恐ろしい証拠がつきつけられた。アーレントはのちのインタヴューで次のように語っている。

　本当の意味で衝撃でした。それ以前はこういっていたものです。敵はいるものさ、それはまったく当たり前で、ある民族に敵がいても不思議ではないよ、と。しかし、これは別でした。それはまさに、あたかも奈落の底が開いたような経験でした。……これはけっして起こってはならないことだったのです。犠牲者の数のことをいっているのではありません。死体の製造やその他のことを申し上げているのです。……このようなことはけっして起こってはならなかったのです。そこで起こったことは、私たちの誰であっても、もはや折り合いをつけることができないものだったのです。

（「何が残った？　母語が残った」）

人間による人間の無用化

工業的な大量殺戮はまさに「死体の製造」とも形容される事態であった。それまでのナチによる大量殺戮は射殺によるものだった。大量射殺は時間もかかり、殺害実行者の負担も大きい。ガス室の場合は瞬時に大量の人間を殺害でき、実行者とその行為の帰結との距離があるため心理的負担が減るという想定もあった。死体の処理やガス室の掃除などは特別作業班としてユダヤ人囚人たちに強いられた労働であった。

人間による人間の無用化。人間の尊厳の崩壊。それは理解を絶する「けっして起こってはならなかった」ことであり、その事態を直視することは地獄を見るようなものだった。しかも、そのとき犠牲者は続々と増え続けていたのだ。アーレントは詩を書きとめ、死者たちに「あなたたちはどうしてほしい？」と呼びかけ、死んだ子供たちと母たちを想った。

漁夫たちは静かに川で釣りをする　夕焼けまで
運転手たちはやみくもに突っ走る　死へと急いで
死んだ子供たちが日向で　永遠を遊んでいる
ときどきひと組の恋人たちが通り過ぎる　時間を連れて

漁夫たちは静かに川で釣りをする　孤独な傾いだ背中
運転手たちはやみくもに突っ走る　休みなく高炉へと
子供たちが遊び、母たちが呼ぶ
ひと組の恋人たちが通り過ぎる　時代の重荷を背負いながら

（「ハドソン河沿いの公園」）

パーリアとしてのユダヤ人

「ヨーロッパの中央部に建てられた死の工場」は、すでに擦り切れかけていた世界と人間についての伝統的な観念の糸を完全に断ち切るものだった。難民たちのなかには母語であるドイツ語を捨て去り、あるいは忘却する人びともいた。ドイツ語は殺人者の言葉でもあった。しかしアーレントは、起こった事態について理解しなければならなかった。なぜこのようなことが起こったのか、それはどのようにして起こったのか。「狂ってしまったのはドイツ語ではない」と見なしたアーレントは、母語を失うのを拒み、思考しつづけた。他方で、生活するためには仕事をしなければならない。『アウフバウ』のコラムの中断という事情もあり、アーレントは英語で数々の書評やエッセイや論文を書き始める。最初は『ユダヤ社会研究』や『メノラー・ジャーナル』などユダヤ系の新聞や雑誌を主としていたが、『パーティザン・レヴュー』や『レヴュー・オブ・ポリティックス』といった雑誌にも書くようになった。また、ブルックリンカレッジの「現代ヨーロッパ史コース」での講義など、英語で教えることも始めた。一九四四年には、ヨーロッパのユダヤ関係の書物や文化財を取り戻す「ヨーロッパ・ユダヤ文化再興委員会」(Commission on European Jewish Cultural Reconstruction)の責任者になった。

この時期アーレントは、パーリア(賤民)としてのユダヤ人について論じている。ユダヤ人には、従来よく知られてきた大富豪や慈善家の伝統とも、成り上がり者やたかり屋の歴史とも異なる、パーリアとしての物語があった。それは、成り上がり者になろうとせずに自分たちのよそもの性を自覚的に受けとめて表現した少数の人たちの「隠れた伝統」であった。彼らは、非ユダヤ人の世界からもユダヤ人の世界からも距離をとり真実を述べることによって、排除や敵対を経験した。ユダヤ人の歴史のなかでパーリアという概念は政治的にも精神的にも無力であった。しかしパーリアはいま、今日の人類のあり様を理解するために非常に重要な概念となっている、とアーレントは言う。現代の現象として、成り上がり者もパーリアも同様に無国籍者として法の外に追いやられ、さらにはユダヤ人だけでなく法的地位も行き場も失った難民が各地で激増している。そして世界は、人間自体が余計者とされる破局を目の当たりにした。こうした状況において「隠れた伝統」に注目し、それら少数のパーリアの思考から学ぶことの意義をアーレントは強調し、ハインリッヒ・ハイネ（一七九七―一八五六年）、ベルナール・ラザール（一八六五―一九〇三年）、チャーリー・チャップリン（一八八九―一九七七年）、フランツ・カフカ（一八八三―一九二四年）をパーリアの四類型としてあげたのだった。

詩人ハイネはドイツ語で書いたが、ユダヤ的表現やユダヤ料理をドイツ語の詩に書き込んだ。それは、非ユダヤ人の前でヘブライ語の使用を避けた当時の同化ユダヤ人とは対照的な態度だった。「人は自由な者として生まれ、自分を拘束へと売り渡すことによって自由を失う」と考えたハイネは、暴君にも奴隷にも与《くみ》せず「政治的世界に鏡を掲げる」ことしか望まず、自由で自然な人間の言葉を語った。

フランスのジャーナリストであったラザールは、「自覚的パーリア」として反ユダヤ主義者たちと論壇で闘った。ラザールは、同化は差異を外見的特徴に還元する「まやかし」であると見なし、また、ユダヤ人を抑圧する社会とユダヤ人富裕層との結びつきを指摘した。「抑圧に抵抗することは人間の義務」であると考え、パーリアたちに政治への関与を求めたが、ユダヤ人の世界に内在してきた「慈善と施しのシステム」の前に敗北した。

喜劇王チャップリンはユダヤ人ではないが、アーレントによればユダヤ人パーリアの心性を具現する人物を映画のなかで生み出した。チャップリンが演じる「うさんくさい者」は、社会から疑いの目で見られ法律と衝突していつも追い立てられる。彼はそうした権力に恐怖を感じているのだが、他方でそこには自分にとっての正義を見いださないので、ある種の「ふてぶてしさ」をもって世界と渡りあう。

カフカはチェコの首都プラハのユダヤ人として生まれ、ドイツ語で小説を書いた。カフカの作品に登場するパーリアは、人物としてはユダヤ的な特徴をもっていないが、社会のなかでのよそものとしてユダヤ的状況のなかに置かれている。カフカのパーリアにとっては「思考することこそが新しい武器」となり、思考の能力が自己保存の道具となる。また、彼は典型的な善意の人間として、共同体の一員になって普通の人間的生活を送る権利しか要求しないのだが、それを権利として要求するために、支配体制を「運命」として受け入れている周囲の人びととの理解をえられない。

アーレントは、カフカについては独立した論稿を、彼の没後二〇周年の再評価というかたちで書いている。一九四六年から二年間ショッケン・ブックスの企画・編集顧問として働いたさいには、彼女はカフカの『日記』の出版にも力をそそぎ、そのドイツ語から英語への翻訳にも関わった。一九四〇年代後半に彼女の友人となったアメリカのユダヤ系批評家アルフレッド・ケイジン（一九一五－九八年）の証言によれば、アーレントはカフカについて熱く語り、アパートの玄関にはカフカの大きな写真を飾ってあったという。生涯にわたってアーレントは、数々の著作でカフカに言及することになる。

ドイツの敗戦

一九四五年五月八日、ドイツが無条件降伏し、ヨーロッパでは世界大戦が終わった。七月半ばから八月二日までのポツダム会談ではドイツ・東欧の戦後処理と対日終戦問題について議論され、ポツダム宣言が出された。八月六日に広島、八月九日に長崎に原子爆弾が投下された。その夏、ユーリエ・ブラウン＝フォーゲルシュタインと休暇を過ごしていたアーレントは、ブリュッヒャーへの手紙で、「おめでとう」と皮肉って次のように書いている。「私は原子爆弾の爆発このかた、これまでよりいっそう不気味で恐ろしい気持がします。なんという危険なおもちゃを、世界を支配するこの愚者どもが手にしていることか」。アーレントはこの時期は核についてこれ以上のことは書いていないが、後で詳しく述べるように、のちの著作でホワイトヘッドの「自然は一つの過程にほかならない」という言葉を引用し、「科学研究の形をとりながら人間が自然のなかへと行為する事態」の脅威について指摘した。

ブリュッヒャーへの同じ手紙で、彼女は敗戦をめぐるドイツ人の様子についても述べている。ベルリンからの伝聞によれば、かつては敗戦がありうるということさえ人びとに分からせられなかったが、いまは、この敗戦が実際何を意味するのかを分からせるのがほとんど不可能であるという。アーレントはこれにたいして、「ひとたびすべてが〈政治化〉されてしまうと、もはやだれ一人として政治に関心をもたなくなる」と述べている。すべての人びとが全体的支配に巻き込まれ、総力戦を戦うとき、選択や決断や責任にたいする自覚が失われる。

アーレントは四五年一月に発表した「組織的な罪と普遍的な責任」という論稿で、ナチの人種エリートは敗戦の色が濃くなるにつれてそれまでの方針を転換して自分たちと全ドイツ国民を一体化し、人びとの生活が営まれる中立の地帯を破壊し、行政的大量殺戮という犯罪に国民全体を組織的に巻き込んでいった、と指摘していた。その一体化によってファシストと反ファシスト、正真正銘のナチと共犯者にして協力者である普通の人びととの区別がつきにくくなり、「誰もが罪に関与しているとすれば、結局のところ誰も裁かれえない」ということになる。アーレントは、毒ガスによる殺人や生き埋めを日々見ていた収容所の主計官が、自身の罪を問われて「私が何をしたのでしょう」と泣き出したという報道を引用していた。

友人たちの消息

戦争が終わり、ヨーロッパやパレスティナの友人たちとの連絡がとれはじめる。ケーニヒスベルクの少女時代からの親友アンネ・メンデルスゾーンは、夫の哲学者エリック・ヴァイルとともにパリに亡命後フランスに帰化し、アンネ・ヴェイユとして戦中はレジスタンスに参加していた。そのアンネからは、エリックがドイツの捕虜収容所から解放されたという知らせが届いた。また、パレスティナに移住していた親しい従弟夫妻のエルンスト・フュエストとケーテ・フュエストからは、一九三三年にアーレントがケーテに渡していたラーエル・ファルンハーゲン研究の草稿のコピーをニューヨークに送ったという便りがあった。そして秋には、ハイデルベルクのアメリカ占領軍の郵便を通じて、恩師カール・ヤスパースからの手紙が彼女に届く。ヤスパースは、アメリカ軍の駐留にともなって『パーティザン・レヴュー』特派員としてドイツに赴任したジャーナリストのメルヴィン・J・ラスキーから、アーレントの消息を伝えられたのだった。「何年ものあいだ、しばしば私たちはあなたの運命がどうなったか憂慮してきて、もう久しくあなたの存命にあまり希望がもてなくなっていました」とヤスパースは書き、大きな喜びを伝えた。アーレントも、「あなたがたお二人が地獄の修羅場のすべてをご無事に切り抜けられたことを知ってからというもの、私はふたたびこの世界で故郷にいる安らぎをいささか感じられるようになりました」と答え、ニューヨークからハイデルベルクへ向けて、医薬品や食料品を詰め込んだ小包を何箱も送りはじめた。以後、大西洋をはさんで、二人のあいだで膨大な数の書簡が交わされることになる。

雑誌『ヴァンドルング』の創刊

ヤスパースは、一九三三年のナチ政権獲得直後は事態を決定的なものだとは考えず、アーレントの亡命にたいしても懐疑的だった。しかし、大学のナチ化は急速に進み、ユダヤ人を妻とするヤスパースはまもなく「国賊」と見なされる。「われわれドイツ人は、突如として監獄のなかにいるのを見いだした」と彼は回想している。世界的に著名なヤスパースは、三七年頃まではかろうじて出版や大学での講義を許されていた。しかし、政治的・知的に独立した発言を続けた結果、ナチ化する大学で孤立し、三八年には公的発言も出版も禁じられる。数度の国外移住の試みも阻止され、半ば監禁状態で妻ゲルトルートと孤独な生活を送った。

苦境のなかで研究にうちこんでいたが、最悪の場合を想定し、自殺の準備も整えていた。四五年四月半ばにはゲルトルートとともに収容所に送られることが決まっていたが、三月三〇日のアメリカ軍によるハイデルベルク占領によって、すんでのところで悲劇的な運命を免れていた。そして、終戦直後からハイデルベルク大学再建の主要メンバーとして働き、政治学者のドルフ・シュテルンベルガー（一九〇七―八九年）や社会学者のアルフレート・ヴェーバーたちとともに、ドイツの道徳的・政治的革新のための議論の場として、雑誌『ヴァンドルング』を創刊する。彼は緒言に次のように書いた。

われわれはほぼすべてを失った。国家、経済、われわれの物理的存在のための確かな条件を。そしてさらに悪いことには、われわれみなを結びつける有効な規範、道徳的品位、国民としての統一的な自己意識を。……だがわれわれが生きているということは、何か意味をもつはずだ。われわれは無から立ち上がるのだ。……創始のチャンスの一つとして、雑誌創刊が許可された。われわれは公的に語り合うことを許されている。

ヤスパースは、アーレントにこの創刊号を送り、彼女に『ヴァンドルング』への論文の寄稿を依頼した。そしてテーマとして、たとえばアメリカ人とヨーロッパ人の紐帯《ちゅうたい》について、あるいはアメリカ哲学の動向についてはどうか、と尋ねた。アーレントはヤスパースの問い合わせへの感謝の気持ちを示したうえで、ドイツの雑誌に寄稿するのは自分にとってたやすいことではない、と答えている。戦争が終わったからといって人種主義が解消したわけではなく、ヨーロッパのユダヤ難民たちに帰る場所や行き先ができたわけではなかった。ユダヤ人としての権利を保証されないままに、ドイツ人やフランス人としてヨーロッパにとどまることは危険だと思われた。他方で、ユダヤ人のパレスティナ、すなわちイスラエル建国へと進むことは、パレスティナでの戦争と大量のパレスティナ難民を生み出すことを意味していた。アーレントは次のように書いている。

たとえユダヤ人がヨーロッパにとどまることが可能だとしても、まるでなにごともなかったかのように、ドイツ人、あるいはフランス人、等々としてとどまるわけにはいかないということです。ユダヤ人をふたたびドイツ人とか何々国人とか認めてくれるからといって、それだけで私たちはだれ一人、帰れはしないでしょう（そして書くということは、帰ってゆくことの一つの形式なのです）。私たちはユダヤ人として歓迎されるのでなければ、帰れません。ですから私は、ユダヤ人としてユダヤ人問題のなんらかの方面について書けるのなら、喜んで書きましょう。（『アーレント＝ヤスパース往復書簡1』）

ユダヤ人としてドイツ語で書くことによって帰る。それは、「パーリアとしてのユダヤ人」としてのアーレントが、ドイツあるいはヨーロッパの歴史にユダヤ人の歴史を書き込むという行為でもあった。ヤスパースはアーレントの姿勢に率直に賛同し、彼女の手紙に同封されていた「組織的な罪と普遍的な責任」のドイツ語原稿「組織化された罪」を『ヴァンドルング』に掲載するようにすぐさま手配した。その論稿は一九四六年四月、『ヴァンドルング』第四号に次のような編集部による著者紹介の前置きをつけて掲載された。

編集部による前置き。知っておいていただきたい重要なことであるが、ハンナ・アーレントによる以下の論文は、一九四四年一一月にアメリカで書かれ、英語の翻訳が一九四五年一月『ジューイッシュ・フロンティア』誌で発表された。本誌に掲載するのは、著者が彼女の師であるカール・ヤスパースに献呈したオリジナルの原文である。そのユダヤ系雑誌がこの論文の意義を非常に高く評価していることの表れとして、この論文は「アンソロジー」、つまり一九三四年から一九四四年までの選抜論文集の号に入れられた。それも、ドイツをテーマとする唯一の論稿として。われわれが今回彼女に寄稿を頼んだとき、彼女はこう書いてきた。「ユダヤ人」として歓迎されるのでなければ、たやすく当然のように帰ることはできない——ドイツの雑誌への参加はある種の帰郷のかたちなのだ——と。

アーレントは二六歳でドイツを出国しており、ドイツの読者にはまったく知られていなかった。編集部は「組織化された罪」がどのような著者によって書かれているのか、どういう経緯で書かれているのかを、読者に知らせる必要があると判断したのである。以後、アーレントは同誌に「帝国主義」「フランツ・カフカ」（一九四六年）、「強制収容所」（一九四八年）、「たった一つの人権」「党と運動」（一九四九年）を発表する。この時期アメリカの雑誌に発表された数多くの論稿と合わせて、大著『全体主義の起原』に組み込まれることになる重要な仕事であった。

III　『全体主義の起原』

成り立ちと構造

一九四五年、廃墟《はいきょ》となったドイツには一二年におよんだヒトラー政権に関する膨大な記録資料が残され、ナチ支配の実態が続々と明らかになりはじめる。アーレントはこの資料の山に立ち向かいながら、何が起こったのかを理解するために、ショッケン・ブックス出版社での仕事のかたわら片時も休むことなく執筆を続け、四九年秋に大著『全体主義の起原』の原稿を完成させた。その本は最初に見たときだけでなく「もう一度見直したときにすらも、まったく言語道断としか見えないことを理解しようとする試み」であった。

彼女を一躍有名にした『全体主義の起原』は、五一年にアメリカとイギリスで英語版が、五五年にドイツでドイツ語版が出版された。書名はそれぞれ違っていた。直訳するとアメリカ版が『全体主義の起原』（*The Origins of Totalitarianism*）、イギリス版は『われわれの時代の重荷』（*The Burden of Our Time*）、ドイツ語版は『全体的支配の要素と起原』（*Elemente und Ursprünge totaler Herrschaft*）であった。書名についてアーレントはかなり悩んだようだ。「恥の要素—反ユダヤ主義、帝国主義、人種主義」と題する着想もあったという。最終的には、四三年から四六年までに書いたものを基盤として第一部と第二部の「反ユダヤ主義」と「帝国主義」が成立し、第三部にナチズムとボルシェヴィズムという絶滅収容所や粛清体制を中核としてもつ先例のない統治形態を考察する「全体主義」が置かれて、『全体主義の起原』とされた。ナチズムとボルシェヴィズムの類似点は、アーレントとブリュッヒャーがパリ亡命時代から取り組んでいたテーマでもあった。書名に戻ればアーレントとしては、「起原」よりも「要素」を強調したかったらしく、出版後に思索日記に後悔の念を書き込んでいる。

精神科学における方法。因果性はすべて忘れること。その代わりに、出来事の諸要素を分析すること。重要なのは、諸要素が急に結晶した出来事である。私の著書の表題は根本的に誤っている。『全体主義の諸要素（The Elements of Totalitarianism）』とすべきだった。

（『思索日記Ⅰ　1950-1953』）

なぜ因果性を忘れなければならないのだろうか。アーレントにとって最も重要だったのは、人間の無用性をつきつけたガス室やそれを実現させた全体的支配という出来事の「法外さ」と「先例のなさ」を直視すること、そして「政治的思考の概念とカテゴリーを破裂させた」その前代未聞の事態と向き合うことだった。アーレントにとって理解とは、類例や一般原則によって説明することでも、それらが別の形では起こりえなかったかのようにその重荷に屈することでもなかった。彼女にとって理解とは、現実にたいして前もって考えを思いめぐらせておくのではなく、「注意深く直面し、抵抗すること」であった。従来使用してきたカテゴリーを当てはめて納得するのではなく、既知のものと起こったことの新奇な点とを区別し、考え抜くことであった。

アーレントは、因果関係の説明といった伝統的方法によっては、先例のない出来事を語ることはできない、と断言する。しかも全体主義という新奇な悪しき出来事は、「けっして起こってはならなかった」ことだった。それが運命といったものの流れのなかで必然的に起こるべくして起こったことではなく、人間の行為の結果としての出来事だったということを、アーレントは強調する。人間がどうなるかは人間にかかっている。そのためには新しい語り方が必要だと彼女は考えた。「保存したいのではなく、逆に破壊するべきであると感じている事柄について、つまり全体主義について、いかにして歴史的に書くか」という問題だった、とアーレントはいう。

私がおこなったことは、全体主義のおもな要素を発見し、それらの要素を、私が適当であり、必要であると思う限りまでさかのぼりながら、歴史的な術語において分析することだった。つまり、私は全体主義の歴史を書いたのではなく、歴史の術語における分析を書いたのである。つまり反ユダヤ主義や帝国主義の歴史を書いたのではなく、ユダヤ人憎悪の要素や領土拡張の要素を、それらがまだはっきりと目に見え、全体主義の現象そのものにおいて決定的な役割を演じているかぎりで、分析したのである。

("A Reply")

私たちはこの大著を読むとき、その題名からして反ユダヤ主義や帝国主義や全体主義の歴史が書かれていると思ってしまう。しかし、アーレントは強制収容所というかたちで結晶化した現象の諸要素を、それらが具体的に現れた歴史的文脈のなかで分析し、語った。「反ユダヤ主義」や「帝国主義」の部で語られる諸要素は、けっして必然的に全体主義へと直結するわけではない。アーレントの叙述を注意深く読むと、そこには行為者かつ受苦者としての人間の選択のあり方、動き方が描かれている。別の可能性もありえた、それなのにどうしてこのような事態にいたってしまったのか、ということを考えさせる物語なのである。それは、要素を明らかにすることによって、それらの要素が再びなんらかの形で全体主義へと結晶化しようとする時点で、人びとに思考と抵抗を促すような、理解の試みでもあった。

反ユダヤ主義

エリザベス・ヤング゠ブルーエルは、『全体主義の起原』を読むことは、一九世紀と二〇世紀の巨大壁画が展示されている美術館を訪れるようなものだと言っている。この壁画の細部にはユダヤ人および難民としてのアーレントの経験や洞察、膨大な資料との格闘や出来事についての思索が刻みこまれている。ヤング＝ブルーエルによれば、「この本のレンズをとおして世界を観察するならあなたには何が見えるだろう」という問いかけとともに、大学の演習で『全体主義の起原』を取り上げていたハンス・モーゲンソーは、アーレントを「現場性のある歴史家」と見なしていたという（『なぜアーレントが重要なのか』）。

第一部「反ユダヤ主義」では、一八世紀末から一九世紀末にかけてのプロイセン、オーストリア、フランスのユダヤ人の動向とナチ・イデオロギーの根幹となった反ユダヤ主義に関連する歴史的事象との関わりが描かれる。宗教的なユダヤ人憎悪とは異なる反ユダヤ主義（反セム主義、アンティセミティズム）は、社会や政治の同時代的な問題状況と並行して現れた。そのさい反ユダヤ主義は、ナショナリズムの昂揚期ではなく、国民国家システムが衰退し帝国主義となっていく段階で激化したということが鍵となる。

ヨーロッパの君主国を財政的に支えていた御用銀行家としての宮廷ユダヤ人は、社会的には隔絶して存在していたが、「例外ユダヤ人」として特権を享受し、国家と直接結びつく政治的機能を果たしていた。しかし、ブルジョワジーが台頭し政治と連携する時期になると、ユダヤ人の富の意味は急速に失われていった。そうしたなかで曖昧で余分な存在にたいする憎悪の風潮が生まれ、他方で右派から左派までのさまざまな政党において、民衆の支持を獲得するための道具として反ユダヤ主義が利用されていく。アーレントは、政党によって流布され煽《あお》られる反ユダヤ主義を、近代以前の宗教的な反ユダヤ主義から区別し、その新奇さを強調した。

政治的道具としての反ユダヤ主義の危険性は、ユダヤ人が抽象化され、ユダヤ人一般として見なされることにある。具体的にユダヤ人と接触したことのない群衆《モッブ》が、個人的経験ぬきでイデオロギーとしての反ユダヤ主義に染まる。そこに次に述べるような人種主義的要素が組み合わさり、抽象化された存在にたいする無責任で過激な暴力、「イデオロギー的狂信」の土壌ができあがったのである。

帝国主義

第二部「帝国主義」では、南アフリカで帝国主義政策を推進したイギリスの政治家セシル・ローズ（一八五三－一九〇二年）の「できることなら私は星々を併合しようものを」という言葉に見られるような、ヨーロッパの富の無限の膨張のプロセスとその政治的意味が描き出される。

帝国主義は人種主義を政治的武器とし、人類を支配人種と奴隷人種に分ける。アーレントによれば、余剰になった富とともに、失業してヨーロッパで余計な存在になった人間が植民地へと輸出され、彼らは自分たちを支配的白人種として見なすという狂信に陥った。余計者として国外へと出た人間がそこで出会った人びとをさらに余計者と見なすという構図が生じたのである。また、帝国主義時代の官僚制支配では、政治や法律や公的決定による統治ではなく、植民地行政や次々と出される法令や役所の匿名による支配が圧倒的になっていった。アーレントは官僚制という「誰でもない者」による支配が個人の判断と責任に与えた影響を検証した。

アーレントは、膨張のための膨張という思考様式のなかで人種主義と官僚制が結びつくことの危険性を強調している。膨張が真理であるというそのプロセス崇拝と「誰でもない者」による支配においては、すべてが宿命的・必然的なものと見なされていく。ひとつひとつの行為や判断が無意味なものになるのである。さらに、植民地における非人道的抑圧はブーメラン効果のように本国に翻り、合法的な支配をなしくずしにし、無限の暴力のための基盤をつくった。

アーレントはこの部の最後で、国民国家体制の崩壊の結果生まれた人権の喪失状態を分析している。第一次世界大戦後、国民国家や法的枠組みから排除される大量の難民と無国籍者が生まれた。共同体の政治的・法的枠組みから排除されている彼らは、すべての権利の前提である「権利をもつ権利」を奪われている。彼女は次のように書いた。

人権の喪失が起るのは通常人権として数えられる権利のどれかを失ったときではなく、人間世界における足場を失ったときのみである。この足場によってのみ人間はそもそも諸権利を持ち得るのであり、この足場こそ人間の意見が重みを持ち、その行為が意味を持つための条件をなしている。自分が生れ落ちた共同体への帰属がもはや自明ではなく絶縁がもはや選択の問題ではなくなったとき、あるいは、犯罪者になる覚悟をしない限り自分の行為もしくは怠慢とは全く関りなく絶えず危難に襲われるという状況に置かれたとき、そのような人々にとっては市民権において保証される自由とか法の前での平等とかよりも遥かに根本的なものが危くされているのである。

（『全体主義の起原2　帝国主義』）

アーレントは、政治体に属さないことによる無権利状態の危険性、意見や行為が意味をもつ前提としての人間世界における足場を失うことの深刻さ、無国籍の人間の抽象性がはらむ危険性を指摘した。彼女は「彼らの無世界性は、殺人の挑発に等しい」とまで書く。

全体主義

第三部「全体主義」では、歴史的に知られた独裁や専制とは異なる全体主義運動と全体的支配の特徴が描かれる。そして大衆運動から強制収容所とガス室という「人間の無用化」にいたるまでの全体的支配の、さまざまな要素が分析される。

そのさいアーレントは、強制収容所という極限状態における人間の経験と現代大衆社会での孤立した人間の経験の関連性を指摘した。彼女は次のように言っている。

> 強制収容所という実験室のなかで人間の無用化の実験をしようとした全体的支配の試みにきわめて精確に対応するのは、人口過密な世界のなか、そしてこの世界そのものの無意味性のなかで現代の大衆が味わう自己の無用性である。
>
> （『全体主義の起原3　全体主義』）

全体的支配は人間の人格の徹底的破壊を実現する。自分がおこなったことと自分の身に降りかかることとの間には何も関係がない。すべての行為は無意味になる。強制収容所に送られた人間は、家族・友人と引き離され、職業を奪われ、市民権を奪われた。自分がおこなったことと身に起こることとの間には何の関連性もない。発言する権利も行為の能力も奪われる。行為はいっさい無意味になる。アーレントはこうした事態を法的人格の抹殺と呼んだ。

法的人格が破壊された後には、道徳的人格が虐殺される。ガス室や粛清は忘却のシステムに組み込まれ、死や記憶が無名で無意味なものとなる。また、全体主義的犯罪による善悪の区別の崩壊は、犠牲者をも巻き込む体制であった。アーレントは、自分の子供のうち誰が殺されるかを決めるように命じられた女性や収容所運営をゆだねられた被収容者の例をあげている。

さらには、肉体的かつ精神的な極限状況において、それぞれの人間の特異性が破壊される。個々の人間の性格や自発性が破壊され、人間は交換可能な塊となる、とアーレントは書いた。自発性は予測不可能な人間の能力として全体的支配の最大の障碍《しょうがい》になりうる。独裁や専制と違って、全体的支配はすべてが可能であると自負し、人間の本性を変え人間そのものへの全体的支配を遂行した。「不可能なことが可能にされたとき、それは罰することも赦《ゆる》すこともできない絶対の悪となった」のである。

一九六八年に『全体主義の起原』の英語版分冊本(三巻)が出たとき、アーレントはそれぞれの分冊に新たな序文を加えた。ヤング＝ブルーエルは、アーレントがナチズムやスターリニズムの分析にとどまらず、マッカーシズムなどその時代に生じてきた現象によって、全体主義をそのつど新たに理解しようとしたと指摘している。人びとを人間として「余計な者」にすること、多様でそれぞれが唯一無二の人びとが地上に存在するという人間の複数性を否定することが、全体主義の悪であった。ヤング＝ブルーエルは書いている。

全体主義は政治の消滅である、と彼女は論じた。すなわち、それは政治を破壊する統治形態であり、語り、行為する人間を組織的に排除し、最初にある集団を選別して彼らの人間性そのものを攻撃し、それからすべての集団に同じような手を伸ばす。このようにして、全体主義は、人びとを人間として余計な存在にするのである。これがその根源的な悪なのだ。(『なぜアーレントが重要なのか』)

政治は、市民たちが法律に守られながら公の場で語り行為するということでもあり、人びとが複数で共存するということを意味する。アーレントは全体主義下で遂行された「人類に対する犯罪」を人間の複数性にたいする犯罪であると見なした。人間の複数性とは、共同体に属して権利をもつこと、交換可能な塊に還元されないことと連動するだけではない。ヤング＝ブルーエルも強調していることだが、それは、「複数である人間によって複数である人間について語られた物語のなかで真実性をもって記憶される権利、歴史から消されない権利」にも結びつく。これらの要素を分析し、考察しつづけながら、アーレントはナチズムやスターリニズムの終焉《しゅうえん》後《ご》も生き残りうる「全体主義的な解決法」（複数性の抹消）にたいして警告を発しつづけたのだった。

第4章　一九五〇年代の日々

I　ヨーロッパ再訪

知識人それぞれの選択

一九三〇年代にナチ・ドイツから脱出し、アメリカ合衆国に渡っていた多くの亡命知識人たちは、戦後、みな多かれ少なかれ帰郷の問題に直面した。復興しつつあるヒトラー以後のヨーロッパに帰るか、それとも一〇年あまり暮らしてきた新世界にとどまるか。選択の針は、年齢や家族構成、アメリカでの地位、英語の習熟度など、それぞれの個人的事情により、振れ方が違った。思想史家スチュアート・ヒューズは、母語からの切断という苦痛を味わった著述家たちが抗《あらが》いがたい力によって故国へ引き寄せられ、最終的な決断に達するまでに何度も大西洋を往来して躊躇《ちゅうちょ》していたと書いている（『大変貌』）。戦後まもなくアメリカでひしひしと感じられはじめた東西陣営の冷戦状況とマッカーシズムというアメリカ版ファシズムの恐怖は、帰郷を促す大きな原因の一つとなった。

たとえばフランクフルト学派のリーダーであった哲学者のホルクハイマーとアドルノは、

それぞれ四九年から翌年にかけてフランクフルト大学に戻り、「社会研究所」を再開させた。カール・レーヴィットは、五二年にカール・ヤスパースの後任としてハイデルベルク大学教授となった。トーマス・マンのように、ドイツそのものではなく、チューリッヒなどのドイツ語が使われるヨーロッパの他国の都市に帰った者もいた。フランクフルト学派の社会理論家のなかでもヘルベルト・マルクーゼ（一八九八－一九七九年）は合衆国にとどまった。社会学的映画研究『カリガリからヒトラーへ』（一九四七年）の著者ジークフリート・クラカウアー（一八八九－一九六六年）や、精神分析家エリック・エリクソン（一九〇二－一九九四年）も、合衆国にとどまった。エリクソンは、マッカーシズムへの宣誓を拒否した。

アーレントは一九五三年に、「民主主義をイデオロギー的な意味での〈大義〉に仕立て上げる」傾向に警告を発し、「先入的な思想によって〈アメリカをもっとアメリカらしくしよう〉とか、民主主義の模範としようとしても、それを破壊することになるだけだ」と書いた。彼女は、マッカーシズム下での共産主義者の市民権剝奪に直面して、「市民権の剝奪は人類にたいする罪に数えられる」と断言した。簡単な密告で誰からも市民権が奪われるような状況だった。非米活動委員会への協力を拒否したり、公正さを守ったりするだけで、多くの知識人や表現者はそのまま職を奪われることになった。アーレント自身、かつて共産党員であった夫ハインリッヒ・ブリュッヒャーとともに、恐怖のうちに暮らさなくてはならなかったようだ。

帰郷

アーレントが戦後最初にヨーロッパを訪れたのは、一九四九年一一月のことであった。ナチ・ヨーロッパ下で行方不明になったユダヤの文化財や書物を救済する「ユダヤ文化再興」という組織を代表する仕事での、四ヵ月にわたる再訪であった。アーレントは初めて飛行機に乗り、ブリュッヒャーの心配をよそに空の旅に感激した。彼女は精力的に仕事をこなしつつ、友人たちとの再会にも手をぬかなかった。母マルタが亡くなったロンドンにも寄った。ブリュッヒャーと出会ったパリでも過ごした。ドイツの土地を踏むのは、三三年以来のことであった。路上でドイツ語が話されるのを聞き、ドイツ語でコーヒーを注文するのもそのとき以来初めてのことだった。のちにアーレントは、周囲でドイツ語が話されているというそのときの体験が、激しい喜びをともなうものであったことを率直に述べている。

カール・ヤスパースとアーレントは、四五年の秋に互いの生存を確認しあってから六〇通を超える手紙をやりとりしていた。前章で述べたように、彼女は『ヴァンドルング』誌上で

THE UNITED STATES OF AMERICA
ORIGINAL
TO BE GIVEN TO
THE PERSON NATURALIZED
No. 6979219
CERTIFICATE OF NATURALIZATION
Petition No. 600675
Personal description of holder as of date of naturalization: Date of birth October 14th,1906 sex female
complexion fair color of eyes brown color of hair brown height 5 feet 6 inches
weight 135 pounds; visible distinctive marks none
Marital status married former nationality German
I certify that the description above given is true, and that the photograph affixed hereto is a likeness of me.
(Complete and true signature of holder)
UNITED STATES OF AMERICA
SOUTHERN DISTRICT OF NEW YORK
Be it known, that at a term of the District Court of The United States
held pursuant to law at New York City
on December 10th, 1951 the Court having found that
HANNAH ARENDT BLUECHER
then residing at 130 Morningside Drive, New York, N.Y.
Seal
December 10th
51
76th
WILLIAM V. CONNELL
U.S. District Court
It is a violation of the U.S. Code and punishable as such to copy, print, photograph, or otherwise illegally use this certificate.
Deputy Clerk
DEPARTMENT OF JUSTICE

アーレントのパスポート

「書く」というかたちでの「帰郷」を果たしていた。四八年二月には『ヴァンドルング』の刊行物として、『六つのエッセイ』と題した小さな本を出し、それを恩師ヤスパースに捧《ささ》げていた。そうした歳月ののち、四九年一二月、二人はついに再会する。

ヤスパースは戦後ハイデルベルク大学の再建に尽くし、戦後ドイツの良心として四七年にはゲーテ賞を受賞していたが、翌年にはバーゼル大学哲学教授としてスイスに移住していた。ハイデルベルク大学や市議会はヤスパースを失うことに強い抵抗を示したが、アーレントはヤスパースの選択を全面的に支持した。ヤスパースは「国民的英雄」ではなく哲学教師であることを望んだのである。「わくわくしすぎて」うまく手紙が書けないほどだった再会の後、アーレントはくりかえしバーゼルを訪れることになる。彼女はほとんどの場合、ヤスパース家に滞在した。ヤスパース夫妻は彼女の到来をつねに心待ちにした。ヤスパースとアーレントの議論はいつも尽きることがないため、体調や仕事のことを考えてそのうち話す時間を決めるようにしたほどだったらしい。ヤスパースもアーレントも、ときには対立するその議論がいかに腹蔵のない、信頼と愛情に満ちたものであったかを語っている。

アーレントとブリュッヒャーは早い時期から、ドイツあるいはヨーロッパには戻らずに合衆国で生きることを決めていた。その選択はヨーロッパ再訪ののちも変わらなかった。アーレントはドイツの大学からの招聘《しょうへい》も断った。友人たちとの再会に喜び、大西洋をくりかえし横断しながらも、市民としてはアメリカ合衆国に生きることを選択したのである。五一年一二月、アーレントはアメリカ国籍を取得する。

ハイデガーとの再会

ヤスパースや他の友人たちとの再会はすでにヨーロッパ再訪前から予定されていたものだったが、ハイデガーと会うかどうかは、アーレントはまだ決めかねていた。彼女は『六つのエッセイ』に収めた「実存哲学とは何か」という論稿で、一九三三年にナチに入党してフライブルク大学総長となったハイデガーの行動様式を、自分のことを天才と思い込み責任感をまったくもたない「最後のロマン主義者」のそれと見なしていた。彼の哲学から導き出される自己は、自己中心的で仲間から分離した自己、完全に孤立し原子化された自己たちであり、そこから「民族」や「大地」といった概念、つまり一つの「超‐自己」への組織化が生まれる、と彼女は書いた。

しかしヨーロッパ再訪中の五〇年二月、アーレントは仕事でフライブルクに立ち寄ることになる。『全体主義の起原』はまだ公刊されていなかったが、彼女の名前はすでにドイツでは少しずつ知られるようになり、訪問が地方新聞に載ることもあったらしい。彼女はフライブルクで会った知人からハイデガーの住所を聞き、「内的衝動」によって自分が滞在しているホテルを知らせる手紙を送った。それは彼女によれば、「不誠実を犯して自分の人生をふいにする」ことから自身を救った衝動だったという。ハイデガーはただちにホテルに現れた。ボーイがハイデガーの名を告げたとき、彼女は「時間が止まってしまったかのよう」に感じた。アーレントは、当時きわめて親しかった女友達ヒルデ・フレンケルへの手紙で、ハイデガーは自分たちの恋愛が二五年前であること、一七年間会っていないことに思いが及ばないようだったと書いている。とはいえ彼は「負い目」のある「びしょぬれのむく犬」のようでもあった。

その後アーレントはハイデガーの妻エルフリーデにも会った。エルフリーデは、ハイデガーから二人の関係を知らされていた。エルフリーデはアーレントにハイデガーのことを「あなたのひと」と言ったり、ハイデガーに非難を浴びせたりしたという。ハイデガーはアーレントとの再会に心を躍らせ、彼女に著作を手渡し、詩を贈りはじめる。短期間で総長を辞職したとはいえ、ナチに関係したハイデガーは、当時まだ戦後ドイツの大学での講義を禁じられていた。しかし思索と著述は持続していた。アーレントは、誠実さに欠けるハイデガーの性格は客観視していたが、ハイデガーの著作と出会いなおし、やはりその思索に魅せられ、その哲学の重要性を再認識することになったと考えられる。

シュテルンベルガーとの応酬

一九五二年の春、アーレントが戦後二度目にヨーロッパを訪れたとき、ハイデルベルク大学の友人ドルフ・シュテルンベルガーのハイデガー評にたいして、アーレントが冷静さを失ったことがあった。シュテルンベルガーの言葉に、戦後ドイツの知的光景にたいして彼女が当時いだいていた違和感と通じるものを感じたからであった。彼女にとって当時のドイツの知的雰囲気は、地方的で個人的怨恨《えんこん》がただようものだった。ハイデルベルク大学の反ハイデガーの教授陣営もレベルの低い「疑似政治的な組織」であるように見えた。そんななかでシュテルンベルガーが他の同僚とともに、形而上学はどうでもよい余計なものであると述べた。アーレントはそれを自分にたいする批判だとも見なした。ハイデルベルクには当時学生も巻き込んだハイデガー派とヤスパース派のようなものが形成され、後者に属したシュテルンベルガーは、ハイデガーのナチ協力について、その思想そのものに有罪判決を下して捨て去るような姿勢をとっているように見えたのである。シュテルンベルガーはアーレントの誤解だと弁明したが、彼女の怒りはおさまらなかった。

アーレントは手紙で、シュテルンベルガーが非難するハイデガーの「癖の強さ」に見られる「絶望」は、「伝統的な概念の道具をつかって伝統に抗して書くことの途方もない事実的な難しさ」から来るのだと述べた。アーレントにとって、伝統が断絶し、過去の偉大な知恵にそのまま期待することが不可能であることは、自分たちの時代の精神生活にとって基本的な前提でもあった。その点において、ハイデガーの思索の「途方もない勇気」には少なくとも敬意を払わなければならない、と彼女は書いた。二人の手紙での議論は続き、一時期関係を断つほどまでになったが、結果的には友情のほうがまさり、のちにアーレントはハイデガーに関して自分は敏感になりすぎていた、と言っている。

伝統の崩壊への徹底した自覚は、アーレントとハイデガーの思索の共通点だった。また、断絶と向き合うことなく一九世紀の教養主義に回帰しようとする一九五〇年代の西ドイツの知的雰囲気は、彼女にとって耐えがたいものだった。五五年のフランクフルトからの手紙で、アーレントはブリュッヒャーに宛てて、第一次世界大戦の従軍日記や『労働者』で知られる作家エルンスト・ユンガー(一八九五―一九九八年)やハイデガーといった、ナチズムに通じる部分もあった時代の危機を表す著述家の本がまったくないこと、「どこに行ってもゲーテの本ばかり」であることを伝えている。

もっとも、ハイデガーにおける伝統との対決がもっぱら思考の巨匠による知的営為だったのにたいして、アーレントにおける伝統の崩壊は、彼女が身をもって経験した具体的な状況から生まれた認識でもあった。全体主義との対決――アーレントはそれを彼女自身の仕方で果たさなければならなかったし、それこそがハイデガーと出会った自分の人生を肯定しつつ、その意味を理解するための作業にもなる。アーレントは、ハイデガーに学びつつもそれを内側から批判する独自の思考を展開していった。

「イデオロギーとテロル」

『全体主義の起原』の末尾に置かれたイデオロギーとテロルについての論稿は、初版の段階では書かれていなかった。戦後最初のヨーロッパへの訪問からアメリカに戻り、アーレントはヨーロッパの哲学的伝統と政治との関係について本格的検証を始めた。全体的支配は、人間の人格や尊厳をすべて破壊し、無限に多様な人びとを交換可能な「塊」にした。全体主義はその首尾一貫性を維持するために多様な人間たちを「余計者」にしたのである。その「根源悪」は、罰することも赦すこともできない「新しい犯罪」であった。アーレントはそうした「悪」が現代社会でも生き残りうると警告した。

「イデオロギーとテロル」は、まず一九五三年にヤスパースの記念論文集のなかの一論文として公刊され、それが『全体主義の起原』ドイツ語版（一九五五年）に最終章として加えられた。アーレントは「新しい支配形式」である全体主義の本質を、「イデオロギー」と「テロル」に見いだした。イデオロギー的思考は、過去・現在・未来について全体的に世界を説明することを約束する。そしていっさいの経験を無視して、予測不可能で偶然性に満ちている人びとの行為の特質と無関係な説明体系をつくりだす。確実なものとして見なされる前提から出発し、完全な論理的一貫性に即して、事実を処理するのである。全体主義的な威嚇《いかく》の手段であるテロルは、複数の人間たちがつむぎだす一切の人間関係を破壊し、人びとの自発的な行為を不可能にして人びとのあいだにある世界を消滅させる。そうしたなかで、自由な行為の空間を喪失した人間たちは孤立し原子化する。そしてイデオロギーが、そのような孤立した人間を必然的な論理体系のなかに組み込む。孤立した寄る辺のない人間にとって、すべてをその論理のなかで説明するイデオロギーが魅力を発するのである。孤立し原子化した人間が大きな論理体系のなかに組み込まれるという点で、すでにふれた「実存哲学とは何か」でのハイデガー批判にも通じる議論であった。

アーレントによれば、イデオロギーとテロルの支配下で現実や経験の意味は消え去り、人間が複数であるという事実が破壊される。現実の世界が余計なものとなるのである。複数の人間のあいだにあり、人びとが同じものを見ているという意味で共有している世界の解体は、他の人びとからも世界からも、そして自分自身からも「見捨てられている」(Verlassenheit, loneliness) という孤立化の事態、人間が根こそぎロンリーであるという事態をもたらした。アーレントは次のように書いている。

このVerlassenheitのなかでは、自分自身と世界、——ということはつまり真の思考能力と真の経験能力はともになくなってしまう。誰もがもうちゃんと確認してくれない現実を、見捨てられた人が疑うのは無理もない。なぜならこの世界がわれわれに安心を与えてくれるのはただ、この世界の存在を他の人々もわれわれに保障してくれる場合だけだからだ。

（『全体主義の起原3　全体主義』）

アーレントはこの事態こそが「全体主義的支配のなかで政治的に体得される人間共存の基本的経験」であったと見なした。しかもその孤立化は組織的に生み出された事態であった。「組織的に根こそぎ見捨てられていること」はまさに「世界」を荒廃させようとしている、とアーレントは書いた。それは、全体主義において極端なかたちで現れたが、現代社会でも十分に生き残りうる要素でもあった。

II　アメリカでの友人たち

ニューヨークの仲間

一九五一年、アーレントとブリュッヒャーは西九五丁目の家具付きアパートから、モーニングサイド・ドライヴ一三〇番地のアパートに引っ越した。ささやかながらそれぞれの書斎と客間があり、そこにはしばしば親しい仲間たちが集まった。そのころには古くからの亡命者仲間のほかに、アメリカで知り合った新しい友人もできていた。そのなかにはアーレントよりも若い世代のアメリカの作家や詩人たちがいて、アーレント夫妻を通じて夢中でヨーロッパの哲学や文学を吸収している。アーレントもブリュッヒャーも彼らから英語圏の文学作品を学んだ。アメリカのユダヤ系批評家アルフレッド・ケイジン、ボストン出身の詩人ロバート・ローウェル（一九一七―七七年）、詩人で文芸評論家のランダル・ジャレル（一九一四―六五年）たちは、とりわけブリュッヒャー夫妻に魅せられた。ケイジンは、アーレントが「友人として、信義に厚い、思いやりのある人だった」と述べ、ギリシア語の引用が、キャ

ブリュッヒャーと

ンディーやクッキーやポルト・ワインとならぶ彼女のヨーロッパ的もてなしであったと書いている。ケイジンによれば、ローウェルやジャレルにとってアーレントは不可欠な存在となった。彼女と一緒にいるということは「際限なく学びつづけるということだった」という。ジャレルはアーレントに何時間もイギリスの詩人の詩を読んで聞かせ、アーレントはゲーテやヘルダーリン、リルケをドイツ語で読んで聞かせた。アーレントの朗読の素晴らしさは、ジャレルに自分が完璧にドイツ語ができると錯覚させたほどだったという。アーレントはアメリカ詩壇の将来をになう彼らに共鳴した。ローウェルはアーレントの教養や彼女の言葉すべてに熱っぽく反応し、自分が彼女に認められたということ自体に感動していたという。

小説家で評論家のメアリー・マッカーシー（一九一二―八九年）は、アーレントと公私にわたって支えあうアメリカの女友達になった。彼女たちは親密ななかで互いの著作を遠慮なく評しあい、どちらかが公に不当な批判を受けたときには全面的にバックアップし、健康状態や恋愛関係といった私的生活においても互いを心配しあった。旅行も数多くともにした。『アーレント＝マッカーシー往復書簡集』の編者であるキャロル・ブライトマンによれば、アーレントは文化の違いを超越するマッカーシーの資質や、経験を自由に受け入れる彼女の開放性に惹《ひ》かれていた。マッカーシーはまるでアーレントの「子」のように彼女を慕い、助言を求め、そしてアーレントの晩年には彼女を支えつづけた。それぞれの著作が激しい論争にさらされたとき、その友情は「命綱」だったという。

ブリュッヒャーもこうした友人関係を共有したが、他方で自分自身の新しい人間関係をつくっていた。彼がしばらく英語の習得に苦労したことはすでに述べたが、一九四八年ごろに突然打開し、英語で魅力的な会話やスピーチをおこなうようになったらしい。小さな集まりでの彼の発言が人びとに感銘を与え、次の機会へとつながっていった。アーレントはそのこ

マッカーシーと

とに心から喜んだ。ブリュッヒャーは五〇年からはニューヨークのニュー・スクール・フォー・ソーシャル・リサーチで芸術史と哲学を講義し、五二年にはニューヨーク州のバードカレッジの教授になった。彼は大学を出ていなかったが、当時のアメリカではこうしたことが可能だったのである。カリスマ性のある彼のまわりにはつねに学生たちが集まり、哲学や芸術について語り合っていたという。ブリュッヒャーはアーレントより少し遅れて五二年八月に、アメリカ国籍を取得した。

沖仲仕の哲学者ホッファー

アーレントは一九五二年まで「ユダヤ文化再興」の責任者として働いた。その翌年にはグッゲンハイム財団研究助成金を得て、しばらく正規に働かなくても研究と著述が続けられることになった。アーレントのテーマは、全体主義の経験をふまえたうえでヨーロッパ思想の伝統を再検証することだった。そのころから彼女には大学で講義をする機会が増えてくる。五三年にはプリンストン大学のクリスチャン・ガウス批評セミナーで「カール・マルクスと西洋政治思想の伝統」について六回、五四年にはインディアナ州のノートルダム大学で「哲学と政治」について三回の講義をおこなった。五五年にはカリフォルニア大学バークレー校の客員教授となり、政治理論史の講義をした。それらの講義やその間の研究は、『人間の条件』や『革命について』『過去と未来の間』といった彼女の次の著作に結びついていったが、教養人を気どった大学の教授陣とのつきあいは、アーレントにとってけっして心地のよいものではなかったようだ。ニューヨークの自宅に集まっていたアメリカ人の友人たちは、それぞれ異なったアウトサイダー的な側面ももち、アーレントの繊細な部分を理解しうる人たちだった。アーレントは、アメリカで生きることを選び、その国籍の法的保証と市民権には率直に感謝していたが、精神的にアメリカ社会に同化していたわけではなかった。彼女は一貫して、他者には無関心な俗物的な上品さには嫌悪感をもっていた。そうしたなか、アーレントは「オアシス」のような人物と出会う。沖仲仕《おきなかし》の哲学者エリック・ホッファー（一九〇二一八三年）である。

ホッファーはニューヨークでドイツ系移民の独学の家具職人の子に生まれた。七歳のときに失明し学校には通わずに過ごしたが、一五歳のときに視力が回復し、以後読書に没頭。一八歳のときに天涯孤独の身としてカリフォルニア州に渡る。労働と読書と放浪生活ののちに、サンフランシスコの港で沖仲仕として働きながら執筆をはじめ、『全体主義の起原』と同年の一九五一年に最初の著作『大衆運動』（*The True Believer*）を出していた。それは、自己に失望し自己から分離した人間が「忠実な信者」となって宗教や政治の運動に参加し、全体主義体制に忠誠を尽くすことの病理を描いた本であった。アーレントの全体主義論とも呼応する点がある著作だった。

ホッファー

アーレントはバークレーで五五年二月に初めてホッファーと会った。その経緯は不明だが、二人は互いの著作の存在を知っていただろう。「大衆運動の本質についての考察」を書いた哲学する沖仲仕と会うのをアーレントは楽しみにしていた。最初の出会いの半月後にはアーレントがサンフランシスコに招待されている。彼女は手紙でブリュッヒャーに、ホッファーがサンフランシスコを案内してくれること、彼が「砂漠のなかのオアシス」のようであることを伝えている。ホッファーは「自分の王国を見せる王のように」サンフランシスコを案内し、後日アーレントに第二の自著であるアフォリズム集『情熱的な精神状態』を送っている。彼女はそれを丹念に読み、サンフランシスコの一日の礼も兼ねた手紙を書いた。ホッファーもその返信で、「喜びを与える喜び、それもまた友情の意味ではないですか。輝かしい日でした」と書いている。週数日は肉体労働し、あとの時間を思索と著述に使い、友情のための時間を惜しまないホッファーの独立した生き方は、アーレントに強い印象を与えたようだ。

「砂漠のなかのオアシス」

アーレントはバークレーでの講義の最終回で、現代人が生きる条件としての「世界喪失の増大」を、「あいだの枯渇」あるいは「砂漠の拡大」と言い換えている。人びとの関係性が成立するあいだの世界が失われた砂漠的状況は、本来ならば人びとを苦しめる状況であるのだが、近代心理学は「砂漠」が関係の枯渇にではなく人間自身のなかにあると見なし、世界喪失的生活条件に人間を適応させようとした、とアーレントは見る。アーレントによればそこには、苦しいなかで判断しつつ砂漠を人間的なものに変えようとする力が失われる危険性がある。

もう一つの危険性は、「砂漠の生に最も適した政治形態」である全体主義運動が展開することである。人と人とのあいだの行為の空間、あるいは共通の世界が失われるなかで、相互に孤立した人間が全体主義運動へと組織化されるというアーレントの従来の分析と連動する議論であった。しかし、アーレントははっきりと、「砂漠」は全体主義社会だけの特徴ではないと論じる。しかも、生きがたくて当然のはずの「砂漠」となった世界で、人びとが受苦を感じるのではなくそれに適応する兆候がある。

ホッファーを「砂漠のなかのオアシス」にたとえたアーレントは、講義では「政治的な条件からは独立して存在する生の領域」を「オアシス」と呼び、次のように語った。

オアシスは、政治的な条件からは独立、あるいは大部分独立しているあの生の領域すべてです。失敗に終わったのは、政治、つまり複数で存在するという意味でのわれわれであって、われわれが単独で存在するときにわれわれがおこない制作しうるものではありません。単独で存在するとは、芸術家の隠遁《いんとん》生活や哲学者の孤独な生活、愛情やときには友情において見られる人間同士のそもそも無世界的な関係をさします。……このオアシスが損なわれるならば、われわれはどうやって呼吸すればいいのか分からなくなるでしょう。そして政治学はまさにこのことを知らなければならないのです！

（"Conclusion"）

アーレントは、人間的な生のためには「オアシス」の使い方を知らなければならないと言う。それは、単独で人間がおこなうことと複数で存在することとの関係を考えることでもある。アーレントがここで述べる単独性や「孤独」とは、見捨てられた状態の「孤立」とは異なり、自己との対話を保持した想像力の源泉のようなものである。「独りだけでいるときこそもっとも独りでない」というカトーの言葉をのちにアーレントは引用した。無世界的な関係の愛とは、アーレントにおいてはあいだの世界を媒介としない直接的なまなざしであり情熱であった。相手が世界をどのように見ているかに関わりなく、人は誰かを愛しうる。しかし、それらの生のあり方もつねに「砂漠」のなかで損なわれ、全体主義という「砂嵐」のなかで根こぎにされてしまう危険性にさらされている。

この講義では、次のような言葉が断片的に語られている。「世界は人間の産物、人間の世界愛の産物である」、「ある意味で世界はいつも砂漠であり、新たに始められるためには始まりである人びとを必要とする」、「砂漠の条件は近代の無世界性とともにはじまった」、「われわれが物として存在していないということだけではなく、誰かとして存在していないということによっても脅かされている現代世界の条件から、次のような問いが生まれる。そもそもなぜ誰かが存在しなければならないのか」。「世界」は、死ぬ存在である個々の人間を超えて持続するものであり、そこに生まれてくる人間は「始まり」として世界に新しいものを加えうる。しかし、一人ひとりが唯一無二の「誰か」として存在しないかぎりそうした「始まり」はありえない。アーレントはこれらの断片についての考察を『人間の条件』で展開することになる。

アーレントによれば人間の孤立化や世界の砂漠化にたいする対策は、単独の生の領域を確保しながら、人びとを結びつけては離す「あいだ」の空間を生み出していくことでしかない。「オアシス」を放棄して人間を予測可能な自動機械に変えることが人間の「自然化」であると認識していたアーレントとホッファーは、現代世界の状況にたいしてそれぞれの著作で異なる応答をしていくことになる。アーレントは自動的なプロセスの「中断」としての人間の思考や行為の「始まり」の力を強調することになるし、他方でホッファーは「ためらいと模索のための小休止」の必要性を説くことになる。

人間は本能の不完全さゆえに、知覚から行動に移る間に、ためらいと模索のための小休止を必要とする。この小休止こそが理解、洞察、想像、概念の温床であり、それらが創造的プロセスの縦糸となり横糸となる。休止時間の短縮は、非人間化を促す。

（『魂の錬金術』）

ホッファーによれば、世界の人間化、文明化は「衝動と実行との間隔」、「行動を起こす前のためらい」があって初めて実現する。ここでの「理解、洞察、想像、概念」とは、アーレントにおいては「思考」と置き換えられるだろう。ホッファーはそれらを可能にする「小休止」こそに「人間の生き残り」はかかっていると考えた。人間を自動化し自然化することは、人間を予測可能な自動機械に変えることである。そのことを全体主義的支配者は理解していたし、現代社会でもその危険性は十分にある。思考や叙述のスタイルはまったく異なるが、ホッファーとアーレントの現代社会にたいするまなざしには重なり合う部分があった。

III 『人間の条件』

成立の背景

一九五〇年代に入ってからのアーレントには、『全体主義の起原』の段階では不十分な考察にとどまったマルクス主義における全体主義的要素についての研究、価値の徹底的な崩壊をこうむった地点からのヨーロッパ的伝統の問い直し、ヨーロッパ思想史における哲学と政治の関係など、理論的研究に集中した時期があった。しかしそうした研究や思索は、現代という時代へのまなざしと無縁なものではけっしてなかった。複数としての人間のあり方に関わる政治はなぜこのような破局にいたったのか、大衆社会はなぜ人間の多様性を実現できなかったのか、人間の尊厳を保証するためにはどのような共生のかたちが模索されうるのか、といった問いが持続していた。同時にそこには、現代世界の状況と近代科学の発展の関係についての考察が加わってくる。行政的大量殺戮、ガス室と原子爆弾は、人間世界における「技術」の問題をアーレントにつきつけていた。近代科学は人間の思考にどのような影響をおよぼし、それが世界の「砂漠化」とどのようにかかわっているのか、という問いであった。しかもその技術は地球の有機生命すべてや過去・現在・未来にわたる世界全体を破壊しうる能力を手にしていた。

五七年一〇月には、ソビエト連邦が世界初の人工衛星スプートニク号の打ち上げに成功し、冷戦下の宇宙開発競争がはじまった。ソ連に先を越されてショックを受けたアメリカでは、国をあげての科学教育と研究が要請され、科学推進熱が高まっていた。実現まではまだ二〇年ほどかかったが、体外受精による「試験管ベビー」の研究も進行中だった。そうしたなかでアーレントは、科学技術と人間の営みとの関係、地上に生きる人間の条件をいまいちど理解しなければならないと考えた。彼女は次のように書いている。

問題は、ただ、私たちが自分の新しい科学的・技術的知識を、この方向に用いることを望むかどうかということであるが、これは科学的手段によっては解決できない。それは第一級の政治的問題であり、したがって職業的科学者や職業的政治屋の決定に委ねることはできない。

（『人間の条件』プロローグ）

こうした時代背景にそれまでの研究が組み込まれ、『人間の条件』は書かれた。アーレントは自分の意図は、「私たちが行なっていることを考えること」だという。バークレーの最終講義で彼女が語っていたように、一人の人間がおこなっていることを考え、その使用法を知らなければ、「砂漠」に耐え、複数の人びとのあいだにある世界を形成しはじめることもできないからである。「オアシス」の使い方を知らなければ「呼吸できなくなる」ともアーレントは言っていた。「プロローグ」では彼女は次のようにも書いた。

これから私がやろうとしているのは、私たちの最も新しい経験と最も現代的な不安を背景にして、人間の条件を再検討することである。これは明らかに思考が引き受ける仕事である。ところが思考欠如《ソートレスネス》……こそ、私たちの時代の明白な特徴の一つのように思われる。そこで私が企てているのは……私たちが行なっていることを考えること以上のものではない。

（前掲書）

The Human Condition という原題の英語版は一九五八年に、ドイツ語版は『活動的生』(*Vita Activa*) という書名で六〇年に出された。ドイツ語版は英語版のそのままの翻訳ではなく、他者による粗訳をもとにアーレント自身が本格的にテクストに手を入れたものである。とりわけ詩の引用などの文学的側面での註釈が大幅に書き加えられている点などから、近年の専門的な研究では別の書としてとらえられることもある。ここでは最初に出た英語版の『人間の条件』を対象とする。現在「ちくま学芸文庫」に入っている志水速雄による邦訳は七三年に中央公論社から刊行されたものであるが、志水氏は七一年の夏にニューヨークのアーレントの自宅を訪問し、彼女に二時間半のインタヴューをおこなっている。そして『人間の条件』に見られるアーレントの思想家としてのユニークさについて次のように書いていた。

彼女はもちろん日常語を用いて語っている。しかし、その日常語は彼女によってその語源にまでさかのぼって検討され、新しい意味、というよりはその言葉の根源的な意味を帯びて使用されている。このようにいわば歴史の歪曲《わいきょく》と垢《あか》を洗い落とされた言葉によって構成される彼女のユニークな世界は、世界を曖昧にしか見ていない人には驚きと新鮮さを与える反面、既成の世界像に安住している人には理解しがたいのである。

（「ハンナ・アレント会見記」）

インタヴューは、当時の日本の読者には知られていなかったアーレントの亡命時代の経験やユダヤ人の問題についての話の後で、『人間の条件』の著者の肉声を伝えている。

労働・仕事・活動

「この労働・仕事・活動という概念をどこでえられたのでしょうか」という問いにたいして、彼女は「そういう質問をするのは男だけで、女はそんな質問をしません」と言い、「台所とタイプライター」という二つの異なる経験をあげた。台所でつくったオムレツはすぐになくなるが、タイプライターで書いたものは残る、と説明している。そして、「つまり、この理論はあなた自身の日常生活から生まれているということですね」という確認に、「その通りです」と答えた。

さらにアーレントは、自分はとくにどの活動力を高く評価しているわけでもないと語り、自分はそのヒエラルキーの歴史的な変化を示そうとしたのだと語っている。この書で彼女は人間の活動力を、労働 labor、仕事 work、活動 action に区別して考察した。

労働は、生命を維持するための活動力であり、新陳代謝や消費と密接に結びつく肉体の労働であり、産物としてあとに何も残さない。それは、「努力の結果が努力を費やしたのと同じくらい早く消費される」営みであり、生物学的生命の循環つまり自然の過程に吸収される。生命の必要性に支配されるという特徴があるため、古代では価値の低いものとして隠された私的領域の奴隷や家内労働者の営みと見なされた。近代以降は労働の生産性と増殖力が注目され、労働は組織された分業やオートメーションというかたちで公的領域を席捲《せっけん》した。循環のなかにある労働は、プロセス的思考と連動する。

仕事は、ワークが仕事をするという意味の動詞であるのと同時に作品を意味する名詞であることに示されるように、相対的に耐久性のある物を成果として残す活動力である。仕事の制作物、すなわち作品は、死すべき人間の生のあとに残り、総体として人の手になる人工的な世界を打ちたてる。制作物は基本的には単独の人間が作る物ではあるが、その物は共有されうる物となり、人間から独立した世界の永続性をもたらす。芸術作品や詩も仕事の成果としての作品であり、死すべき人間の記憶を世界に残す役割をになう。制作物が目的である仕事の活動力は、目的と手段のカテゴリーによって決定づけられている。

活動は、人と人のあいだでおこなわれる言論や共同の行為であり、絶対に他者を必要とする活動力であり、人間が複数であるという事実への応答である。活動は、唯一無二の存在である人びとが複数で生きるという人間の条件に対応する。言葉と行為によって人は自分を人間世界の網の目のなかに挿入し、自分が「誰であるか」を示し、ときには「奇蹟」とも映る予測不可能な「始まり」をそのつど世界にもたらす。アーレントはこれを「第二の誕生」とも呼ぶ。この「誰であるか」の特徴は、自分自身には見えず、他者に見られ聞かれるということのなかで現れるということである。

人間が複数であるという事実に基づき、その共生をになう政治にとって、「誰であるか」の実現、つまり複数性を目に見えるものにすることは人間の生き残りにとって重要なものである。しかし、「誰であるか」が余計なことになった世界を、私たちは経験した。アーレントにとって政治は支配・被支配関係ではなく、対等な人間の複数性を保証すべきものであったが、目的と手段のカテゴリー、つまり仕事（制作）モデルに基づく政治や、労働のプロセス的思考が支配的になった世界で、「誰であるか」を示す活動、そして予測不可能な「始まり」の要素は脱落していったのである。

公的なものと社会的なもの

アーレントによれば、公的（パブリック）なものとは複数の人びとによって共有され、見られ聞かれるリアリティであった。現実が現実として把握されるのは、「私たちが見るものを、やはり同じように見、私たちが聞くものを、やはり同じように聞く他人が存在するおかげ」である。主観的な情動や私的な感覚は、言葉や行為や物語といった公的なかたちに変形されなければ、共有されえない。アーレントは肉体的苦痛を最も伝達しにくいものとして論じる。

また、公的なものは、人と人とのあいだにある世界そのものを意味している。アーレントはそれを座っている人びとのあいだにあるテーブルにたとえる。それは、人びとのあいだで進行する事柄の世界であると同時に、人間が仕事によってつくりだした耐久的な物の世界でもある。「公的空間は、死すべき人間の一生を超えなくてはならない」とアーレントは書く。テーブルである世界は人びとを結びつけると同時に分離させるものである。アーレントは大衆社会が耐えがたいのは、人間の数ではなく人びとの世界が「結集させ分離させる力」を失っているからだと述べる。

そうした世界や公的領域のリアリティは、さまざまな物の見方が同時に存在することによってのみ確かなものとなる。「これが公的生活の意味である」とアーレントは言う。どれほど自分の立場が拡大されても、一つの物の見方だけではリアリティは生まれない。「物の周りに集まった人びとが、自分たちは同一のものをまったく多様に見ているということを知っている場合にのみ」世界のリアリティは現れるからである。

アーレントは私的 private という語を「奪われている」deprived と結びつける。そこで奪われているのは、他人によって見られ聞かれることやさまざまな物の見方から生じるリアリティである。それがいかに温かく心地のよい家族的空間であっても、究極的には「同じものにかかわっている」ということだけが共通点であるような多数の物の見方、つまり他者の存在を奪われている、と言う。逆に私的領域にのみあるものは、他者からは見えない存在となる。

アーレントによれば、公的領域と私的領域の境界が最も際立っていたのが、古代ギリシアであった。ポリスという公的領域は、相互に対等な者（家長）が言論と行為をおこなう自由の領域だった。オイコスという家政の私的領域は家長が支配する必然の領域であった。しかし近代では、「社会」という新たな領域が勃興する。社会の構成員は平等であることが前提とされるが、そこでは順応主義（コンフォーミズム）の現象が生じ、一つの共通利害と満場一致の意見が力をふるう。「社会というものは、いつでも、その成員がたった一つの意見と一つの利害しかもたないような、単一の巨大家族の成員であるかのように振舞うよう要求する」とアーレントは書いた。そして、統治の最も社会的な形式として「誰でもない者」による支配、つまり「無人支配」である官僚制をあげた。

社会は構成員に「正常な」行動 behavior を期待し、唯一無二の「誰か」を表す行為は規制される。社会的領域で人びとは平等者と見なされるのだが、そのなかで人間の複数性、人間の無数の差異が、共有の世界の特徴ではなく、私的な問題になったというアーレントの指摘は重要である。アーレントは、社会の勃興により公的に共有される世界が消滅すると言う。公的な世界は何よりもさまざまな物の見方によって成立するものだからである。それはさまざまな表現、人間の複数性と直結している。複数性を経験しうるあいだの世界を失ったことによって人びとは自己へと投げ返された。アーレントは次のように書いている。

公的な共通世界が消滅したことは、孤独な大衆人を形成するうえで決定的な要素となり、近代のイデオロギー的大衆運動の無世界的メンタリティを形成するという危険な役割を果たした。　（『人間の条件』第六章）

『人間の条件』のドイツ語版が一九六〇年に出たとき、アーレントはハイデガーへの手紙で、この書には献辞がないが、自分たちのあいだが「尋常」であったなら「あなたに献呈していいかどうか」尋ねたであろう、と書いた。そしてそれが「最初のフライブルクの日々から直接に生まれた本で、あらゆる点でほとんどすべてをあなたに負うている」と述べた。他方で、遺稿中にこの手紙の写しと文案と一緒に、次のようなメモ用紙が残されていたという。

ヴィタ・アクティーヴァについて
この本の献辞は空白のまま。
どうしてあなたに捧げることができましょう、
信頼するあなたに、
わたしは忠実でありつづけるとともに
不実でもあったのです、
どちらも愛のゆえに。

（『アーレント＝ハイデガー往復書簡』）

アーレントは、献辞は知的恩義を表すものだと語ったことがあった。ハイデガーの学生として思考へと導かれた日々に感謝しながらも、アーレントは全体主義をその身にこうむった自身の時代経験によって、その思考とは一線を画さざるをえない。メモというかたちであれ、「忠実」でありつつ「不実」でもあったという言葉を、アーレントは残したのである。

第5章　世界への義務

I　アメリカ社会

世界疎外

マッカーシズムはアメリカ社会の過剰同調的な側面を示し、一九五〇年代には少なからぬ知識人たちが、アメリカ社会におけるファシズムの潜在的可能性を指摘した。ヨーロッパで暴力的な全体主義運動を生み出した大衆の心理は、大衆文化が支配的になった戦後のゆたかなアメリカ社会でどのようなかたちで表れているのかが語られた。大衆とは塊を意味するマス mass を原語とし、不特定多数の集合体のことをいう。大衆は、階級社会や結社などのさまざまな社会集団の解体、画一化と平準化、マスコミュニケーションの発達、大量生産と大量消費といった近代化の進展とともに成立してきた。

フィラデルフィア生まれの社会学者デイヴィッド・リースマン（一九〇九－二〇〇二年）は、『孤独な群衆』（一九五〇年）のなかで、アメリカ社会で歴史的に現れてきた人間類型を「伝統指向型」「内部指向型」「他人指向型」に分け、現代では官僚や企業のサラリーマンを中心として「他人指向型」の類型が典型的なものになりつつあると書いた。「他人指向型」とは文字どおり他人の行動に照準を合わせて自分のふるまい方を決めていく人間類型である。そこでは人びとは他人に同調することによって仲間集団のなかで保護を見いだすが、そうした仲間集団は階層的にも人種的にも排他的な特徴をもつ。人びとは他人の動向にしなやかに対応するが、それはつねに自分の属する社会組織内のことでしかない。「群衆の中の孤独」を仲間集団に頼ってやわらげているのである。しかもそうした行動は開放的で素朴なかたちでなされていた。

亡命知識人ホルクハイマーとアドルノは、四一年にニューヨークからカリフォルニアに移住し、四九年にはドイツに戻った。彼らはワイマール期のドイツと民主主義が浸透しているアメリカとの差異をふまえたうえで、アメリカの大衆社会や文化産業を批判した。「権威主義的パーソナリティ」という概念を発展させて、反ユダヤ主義や匿名の権威としてのマスコミに服従・同調する傾向を、ファシズムへの潜在的傾向をもつものとして指摘した。

アーレントは、のちの著作『革命について』（一九六三年）において、アメリカの政治的伝統のなかで最良のものと考えた建国の理念を掘り起こしたが、現代アメリカ論を展開したわけではなかった。とはいえ彼女の思索もまた、ヨーロッパの経験だけではなく眼前でくり広げられるアメリカ社会の出来事と連関していた。彼女は、大量生産や大量消費、「豊かさ」を享受する家族像、生活の私傾化といった現象のなかに、公的な領域や世界への関心の消失を見ていたのである。大衆社会や大衆ヒステリーについては、以下のようにも書いた。

すべての人が、突然、まるで一家族のメンバーであるかのように行動し、それぞれ自分の隣人の遠近法を拡張したり、拡大したりする。……人びとは完全に私《プライヴェート》的になる。つまり、彼らは他人を見聞きすることを奪《ディプライヴド》われ、他人から見聞きされることを奪われる。彼らは、すべて、自分の主観的なただ一つの経験の中に閉じ込められる。そして、この経験は、たとえそれが無限倍に拡張されても単数であることに変わりはない。

(『人間の条件』第二章)

大衆ヒステリーは主観的で「私的」なものであるとアーレントは言う。前章ですでに述べたように、アーレントによれば「私的」であるとは奪われているということを意味する。奪われているのは、世界の多様な見え方、すなわち世界のリアリティである。他方で彼女は、近代のとばロの土地収用や農民の賃金労働者化から始まる富の蓄積過程を、世界疎外のプロセスと見ていた。「富の蓄積過程は世界と人間の世界性を犠牲にする」と彼女は書く。そして、世代を超えて人びとが共有すべき世界への配慮よりも富の増大が優先されるこの世界疎外のプロセスは、より激しく進むであろうと指摘していた。

エリック・ホッファーは、スプートニク・ショックによってアメリカで「科学者や技術者の大量生産が開始された」と書いた。政府や財団からさまざまな奨学金、研究資金、補助金が与えられ、それは「アメリカの社会的風土」を変えるほどのものだった。アーレントによればこうした潮流もまた、世界疎外、さらには地球疎外の傾向を推し進めるものだった。実験場のなかで「人間自身に向き合っている」人間は、地上の自然界ではありえなかったエネルギー過程を解放し、「宇宙的」「天文学的」な観点から地球を扱う技術を手にした。しかし、この科学的知識は「破壊力」に関わるものであろうと「創造力」に関わるものであろうと、所与の人間のリアリティ、地上に複数の人びとが生きる現実とは疎遠なものであった。「あたかも私たちが、自分自身の人間存在から遠く離れてしまったかのように、この社会で眺め生きている」という兆候に、アーレントは警告を発した。

リトルロック事件

当時のアメリカ社会にとってさらに重要だった問題、すなわち人種問題にたいしては、アーレントはみずから進んでペンをとったわけではなかったが無縁ではなかった。大衆的な消費生活を中心にして階級の差は次第に人びとの意識から薄れる傾向にあったが、黒人差別は南部の州を中心に厳然と存在しつづけていた。五四年には最高裁で、公共教育における人種の分離は違憲であるという判決が出た。五五年にアラバマ州モントゴメリーで始まった人種分離バスのボイコット運動は、非暴力・不服従運動というかたちで大きな成果を出していた。しかし他方では、白人社会からの強力な抵抗や暴動が続き、州政府や国家の軍事介入にいたった事件もあった。

五七年九月、南部アーカンソー州の州都リトルロックのセントラル高校をめぐって大きな事件が起きた。地元の教育委員会の発案と連邦裁判所の是認により、セントラル高校には九月の新学期から九人の黒人生徒が入学することになっていた。前年におこなわれた世論調査では白人州民の八五パーセントが公立学校の「統合」に反対を表明していたが、市教育長は、一九五四年の最高裁の判決を遵守し実績をあげることをめざしたのである。州で「統合」の唯一の対象とされたセントラル高校は白人労働者階級の居住区にあり、「統合」に反対する白人住民が、NAACP（全国有色人地位向上協会）のアーカンソー州支部長の自宅に投石し芝生に放火するなど、不満をもつ民衆の行動は暴動化しつつあった。

九月三日の黒人生徒の入学予定日には、約四〇〇名の白人群衆がセントラル高校周辺に集まった。選挙を控えて三選をめざしていたアーカンソー州のフォーバス知事は、二七〇名の州兵を動員して黒人生徒の入校を阻止しようとした。結局その日黒人生徒は登校しなかったが、同日連邦地裁は「統合」の実行を命じた。翌日黒人生徒はNAACP幹部の車で集団登校したが、武装した州兵にはばまれ入校をあきらめた。家に電話がなかったために集団登校の連絡を受けていなかったエリザベス・エックフォードという名の女子生徒は、バス停から徒歩で学校に向かったがやはり入校できず、バス停に戻る路上では罵声を浴びせる白人群衆に取り囲まれ、夫が黒人大学の教員であった一人の白人女性に助けられてなんとか脱出することができたという。このときの様子は映像や写真で全米に報じられた。五日にはセントラル高校付近に「統合」に反対する六〇〇名を超える白人群衆が集まった。連邦地裁の命令に基づいて黒人生徒が再登校しようとした二三日には、一〇〇〇人以上の群衆による暴動が起こり、黒人ジャーナリストらの負傷者が出た。二四日にはアイゼンハワー大統領が事態の鎮静化のために最精鋭部隊をふくむ連邦軍を出動させ、二五日には約一〇〇〇人の連邦軍兵士に保護されながら、九人の黒人生徒が登校しはじめた。

アーレントは一〇月にユダヤ系の雑誌『コメンタリー』からこの出来事について寄稿を依頼され、一一月末にはそれを書き上げている。ところが、彼女の論文は同誌の編集部で大問題になり、彼女への反論を同時掲載するという対策が考えられるなど数度にわたって掲載が延期され、結果として彼女は論文を撤回した。一年後、別の雑誌『ディセント』がこの論文の掲載を申し出てアーレントは同意したが、『ディセント』編集部もまた、アーレントへの反論を同時掲載し、「間違っていると思われる意見にたいしても表現の自由を認める」という主旨の編集後記をそえた。アーレントは論文自体に変更は加えなかったが、経緯について詳しい前置きをつけた。そして、自分はこの論文を「アウトサイダー」として書いているのだと述べ、「自分の共感が黒人の大義にもすべての被抑圧民族の大義にも向けられているのは、ユダヤ人として自明のことだと思っている」と書いた。このような自身の立ち位置の表明は、アーレントにしてはかなり異例なことである。

アーレントの論文はなぜそれほど問題だったのだろうか。それは、アーレントが大方のリベラルな人びとの想定に反して、リトルロックでのセントラル高校の「統合」と政府の介入に否定的な意見を書いたからである。「教育と学校のうちに差別の撤廃を持ち込むこと」、

「教育と公立学校の場で市民権の闘いを進めること」をアーレントは批判した。「すべての場所で公立学校での分離の撤廃を実行するという連邦政府の決定」によって、「白人と黒人を問わず、すべての子供たちは、大人たちが数世代もの間、自分たちでは解決できないことを告白している問題にとり組むという大きな負担を負わされることになる」（『責任と判断』）とアーレントは書いた。彼女は、教育における差別の撤廃を支持していないわけではなかったが、州民の大半が反対するような状況で政府が介入すべきではないと考えた。こうしたアーレントの主張は、差別と闘う善意の人びとから激しく非難されることになった。

「教育の危機」

アーレントは、罵声を浴びせられるなかで大人に付き添われながら歩く少女エックフォードの写真を痛々しいものと感じた。彼女には少女が「幸せ」には見えなかった。アーレントは、個人としての誇りを傷つけるような状況に子供を置くべきではない、と書く。第一章で述べたように、彼女自身は子供のころ、教師が反ユダヤ的な発言をすればすぐさま学校を出てもよいと母に教えられ、絶対的な保護を感じていた。彼女は、リトルロック事件についての考察の後に書いた「教育の危機」という論稿（一九五八年）のなかで、子供は私的空間での保護と安全を必要とするのであり、子供だけの同輩集団に、ある意味では無慈悲な公的生活の要素を導きいれてはならないと述べた。

アーレントは、何よりもまず黒人と白人の結婚を禁じる婚姻法などの差別的法律を廃止し、政治的平等を実現するべきだと強調する。他方で、平等や同権は政治的領域の事柄であって、社会的領域ではエスニック集団の差異や職業や所得による集団間の差異は不可欠なのだと述べる。彼女にとって重要だったのは、差別を社会的な領域のうちにとどめておくこと、「差別が破壊的な力を発揮する政治的な領域や個人的な領域にはいり込まないように」することであった。しかしこの区別もまた、彼女独自の思考に基づいたものであり、社会的差別を容認するような保守的な響きをもったのである。

エリザベス・ヤング゠ブルーエルによれば、数多くの批判のうちアーレントが謙虚に受け入れたのは、小説家ラルフ・エリソンからの批判だけだったという。エリソンは、アーレントが黒人生徒の親たちの思いや、アメリカの黒人の闘争における勇気の問題について理解していないと書いた。エリソンによれば親たちは、自分の子供が黒人のアメリカ人として敵意や社会生活の恐怖に敢然と立ち向かうことの必要性、本当ならばなくしたい必要性を承知している。そして、この「基本的な試練に失敗したら人生はもっと苛酷《かこく》なものになる」ことが分かっている。アーレントはエリソンに、自分がそうした理想を理解していなかったという手紙を書き、この点での自分の認識不足を認めた。九人の生徒たちは、みずから進んでセントラル高校への入学を希望していた。

政府軍の介入によって事態は急速に鎮静化した。白人群衆による暴動はなくなった。しかし、通学が始まってからの学校内での執拗《しつよう》ないじめが九人の生徒を苦しめ続けたという。川島正樹は、リトルロック事件から四五年後の二〇〇二年にエリザベス・エックフォードにインタヴューをしたときの様子を、次のように書いている。

群衆に取り囲まれた際の話では何の特別な反応も示さなかった彼女が突然泣き出したのは、暴動鎮静化後、通学が始まってから校内で白人生徒から受けた様々ないじめに話が及んだ時だった。

（『アメリカ市民権運動の歴史』）

いじめは「癒されがたいトラウマ」としても長いあいだ生徒たちを苦しめた。九人のうち一人は、暴力を使って報復したために退学処分となり、転校した。残り八名のうち一人は、五八年五月にセントラル高校で最初の黒人卒業生となった。しかしまもなくアーカンソー州会議で人種隔離を廃止した学校を閉鎖するという州法が通過し、セントラル高校は閉鎖された。

II　レッシングをとおして

『現代政治思想の疑わしい伝統在庫品』

ドイツでのアーレントの最初の著書は、博士論文を公刊した一九二九年の『アウグスティヌスの愛の概念』だった。アーレントはそれを、一九三三年のドイツ脱出時の荷物の中に入れ、フランス、そしてアメリカ合衆国までたずさえていった。原本がドイツのいくつかの図書館に所蔵されていたが、二〇〇三年に解説つきで再び出版されるまで、この本がドイツで読まれることはほとんどなかった。

四八年、「献辞」を序文として加えてヤスパースに捧げられた「小さな本」である『六つのエッセイ』が雑誌『ヴァンドルング』の刊行物として出された。『六つのエッセイ』(「帝国主義について」「組織化された罪」「実存哲学とは何か」「隠れた伝統」「昨日の世界のユダヤ人」「フランツ・カフカ」）は、戦後まもないドイツの読者に新鮮な風をもたらし好評を得たが、公的な話題になるというほどの注目度はなかった。

全米文芸賞を受賞しアーレントを一躍公的人物にした『全体主義の起原』のドイツ語版は、五五年に公刊された。これにはヤスパースの傑出した序文がそえられ、ドイツ語版公刊はアーレントを西ドイツでも著名にした。とはいえ評価となると、ナチズムとスターリニズムを合わせて考察したアーレントの全体主義論は、保守派にはよく読まれたが、リベラル左派や左翼からはかなりの批判を受け、敬遠された。

『全体主義の起原』に続くアーレントの著書は、アメリカでとは異なりドイツでは『人間の条件』ではなかった。五七年に『現代政治思想の疑わしい伝統在庫品―四つのエッセイ』（*Fragwürdige Traditionsbestände im politischen Denken der Gegenwart – Vier Essays, Europäische Verlagsanstalt*）という一六八頁の本が出された。四つのエッセイとは、「伝統と近代」「自然と歴史」「近代における歴史と政治」「権威とは何か」で、それぞれアメリカあるいはドイツでおこなわれた講演原稿であったが、「権威とは何か」以外は英語からの翻訳である。翻訳はアーレントとブリュッヒャーの親しい友人で『人間の条件』のドイツ語への粗訳も手がけたシャルロッテ・ベラートによる。ベラートは三九年にドイツから亡命した精神分析家で、三三年から三九年までナチ体制下で人びとが見た夢を収集・分析した（一九六六年に著書『夢の中の第三帝国』を公刊）。ニューヨークに渡った直後は美容師として働き、その後ラジオのジャーナリストを務めたほか、ドイツのフィッシャー出版社からローザ・ルクセンブルクの「獄中書簡」（邦題『獄中のローザ』）を編者として出している。

高まるドイツでの評価

さて、四つのエッセイはすべてのちに『過去と未来の間』に組み込まれることになるが、ここでは『人間の条件』や『革命について』で叙述される事柄の重要な要素が、エッセイという試論のかたちで打ち出されてもいる。しかもこの形ではドイツでしか出版されなかったその本は、「ヴァルター・ベンヤミンの思い出に」捧げられていた。アーレントがどの本を誰に献呈しているかは、その内容やアーレントの思いと密接な関係がある。『全体主義の起原』は夫ハインリッヒ・ブリュッヒャーに捧げられているが、第一部である「反ユダヤ主義」の巻は、アーレントのユダヤ人としての意識に大きな影響を与えたクルト・ブルーメンフェルトに捧げられた。草稿の大半が書き上げられてから二五年以上の長い年月を経て一九五七年に英語版が、一九五九年にドイツ語版が公刊された『ラーエル・ファルンハーゲン』は、かつてラーエルの手紙をアーレントにゆずった「一九二一年以来の友」アンネ・メンデルスゾーンに捧げられた。六一年に六つのエッセイとして出版された『過去と未来の間』（一九六八年に八つのエッセイとなった）には、「ハインリッヒに　二五年の歳月の思いをこめて」と書かれている。第2章で述べたように、パリで出会ったブリュッヒャーとアーレントは、パリ亡命時代にベンヤミンと多くの時間を共有していた。彼らはマルクス主義や歴史の概念について語り合っていた。そうした観点から四つのエッセイを読みなおすと、アーレントの思いが伝わってくるように感じる。

『現代政治思想の疑わしい伝統在庫品』

五七年のこのエッセイ集『現代政治思想の疑わしい伝統在庫品』については、翌年にかけて大手の新聞などをはじめとしてかなり多くの書評が出た。そのうちのほとんどが、「ドイツ出身でアメリカに渡ったヤスパースの弟子」である『全体主義の起原』の著者としてアーレントを紹介し、彼女の「歴史哲学的」エッセイを非常に高く評価している。『全体主義の起原』を毛嫌いして読まなかった人びとで、このエッセイ集からアーレントの魅力を知った人も少なくなかった。一級の哲学的エッセイの書き手としてアーレントの評価が高まったのである。また、五八年九月に彼女は、ヤスパースのドイツ書籍協会平和賞授賞式で「賞賛の辞」を述べるように指名された。授賞式がおこなわれるフランクフルトの聖パウル教会で女性がスピーチをするのは初めてのことだった。アーレントは「女性でユダヤ人で非ドイツ人で亡命者」の自分がそのような役割に向いているのか、公的にヤスパースへの連帯を示すことがハイデガーにどのように受けとめられるかなど、躊躇したようだが、ヤスパース夫妻はもちろん大喜びし、ブリュッヒャーも彼女の背中を押した。ちなみに式典で何を着るかでアーレントは悩んだようだが、フランクフルト到着後、シャルロッテ・ベラートに借りたブローチもふくむアクセサリーをすべて盗まれた。ブリュッヒャーはその知らせに大笑いしたと言い、「アメリカからやってきた金持おばさん」と思われたのだろうと書いている。彼女の首元にアクセサリーは欠けていたが「賞賛の辞」は大成功に終わった。

レッシング賞受賞

その一年後の一九五九年九月、アーレント自身がドイツのハンブルク市のレッシング賞を受賞することになった。この賞は、ドイツ啓蒙主義時代の劇作家・批評家であるゴットホルト・エフライム・レッシング（一七二九－八一年）の生誕二〇〇年を機に、一九二九年にハンブルク市の市政府によって設立された。レッシングの名に値すると見なされる詩人や作家や知識人に与えられる賞で、選考はハンブルク市政府に任命された専門家やハンザ都市の文化関係者で構成される審査会がおこなう。三〇年には文芸学者で著作家のフリードリヒ・グンドルフが受賞、戦後は、四七年に詩人で翻訳家のルドルフ・アレクサンダー・シュレーダー、五〇年にはロマンス語文学研究者のエルンスト・ローベルト・クルティウス、五三年には小説家で詩人のヴィルヘルム・レーマンとアルブレヒト・ゲース、五六年にはオルガン製作者で小説家のハンス・ヘニー・ヤーンが受賞している。六五年にはユダヤ系作家のペーター・ヴァイス、七一年にはマックス・ホルクハイマーが受賞している。女性ではアーレントが初めての受賞者であった。

当時アーレントには「女性で初めての」という形容がつきまとっていた。五八年にプリンストン大学で女性初の教授となったときも新聞で大騒ぎされ、『人間の条件』が「なぜか、にわかに売れ出し」たことはいいとしても、「有名な女性」になること、公的な領域に姿をさらすことに「怖《お》じ気《け》づいてしまって」いたという。彼女はレッシング賞の受賞講演の準備段階でも不安を隠さなかった。

しかし、レッシング賞の場合、そこに見られるのは公的人物になることへの警戒心だけではない。アーレントはドイツに生まれたがユダヤ人としてそこを立ち去らなければならなかった。彼女にとって、ドイツにたいしては立ち位置の表明が必要となってくるのである。アメリカに関して言えば、彼女は合衆国の国籍を「保証」だと呼び、同化の必要なく得られた「市民権」に率直に感謝し、そのレベルで帰属の問題は解決されていた。

アーレント研究者のインゲボルク・ノルトマンやリサ・ディッシュは、レッシングの名前を掲げる賞によって賞の授与者側＝主催者側がドイツの人文主義の伝統を想起させ、その知的伝統へと亡命ユダヤ人アーレントを統合しようとしたと批判し、アーレントの抱えたディレンマを指摘している。当時の西ドイツの文化政策で、レッシングはゲーテやフンボルトとならんで、旧《ふる》き良きドイツを代表する存在として掲げられていた。アーレントには、ナチの歴史をなかったもののようにやり過ごすことはけっしてできないし、かといってユダヤ人であるという理由でそれを拒否すれば、人種主義的イデオロギーを受け入れてしまうことにもなりかねない。そのようなディレンマに直面して、アーレントはどのような語り方をしただろうか。

「暗い時代の人間性」

ここでは、『暗い時代の人々』に収められているアーレントのその受賞演説「暗い時代の人間性―レッシング考」を詳しくみておこう（引用は拙訳による）。なぜなら、そこでは、レッシングの人物と思想についての語りを通じて、公的領域に関するアーレントの政治理論と彼女自身の世界への姿勢の接点がはっきりと表れているからである。いわばレッシングを媒体として、アーレントは公的な場で人びとにたいして自分の声を響かせている。

アーレントがそこで提示したのは、伝統のなかに確固たる基盤をもつ人文主義者としてのレッシングではなく、つねに批判的であり、公的なものとは折り合いが悪く、論争的で、何よりも自由な思考を優先させたレッシングの姿であった。彼女は、当時のドイツの公衆のなかにはレッシングを受け入れる土壌がなく、レッシングは生前に栄誉を受けたことは一度もなかった、とくりかえし指摘する。彼は公的世界と調和をしたことはなかったし、それを望むこともなかった。それでいながら彼は、自分を受け入れない世界にたいする義務を手放さなかった。アーレントは次のように語っている。

世界にたいする彼の姿勢は、肯定的でも否定的でもなく、根本から批判的であり、公的なものに関しては、徹底して革命的でした。しかしその姿勢は世界への義務を失わず、けっしてその地盤を離れず、何事をもユートピアへの心酔へと高めることはありませんでした。

アーレントは生涯にわたって暗い時代における世界との関わり方を問い続けた。アーレントが強調する世界とは、行為する人びとのあいだにあり、世代を超えて続くものである。ヨーロッパの知的伝統においては、世界に受け入れられないとき、自己の内面へと退去したり、予測不可能な出来事に満ちた世界とは関係のない理想郷を打ちたてたり、特定の世界観に固執したり、科学的客観性を掲げたりという姿勢があった。アーレントにとって、こうした姿勢は全体主義と相容《あいい》れないものではなく、またそれに対抗できるものでもなかった。

レッシング的な思考

アーレントによれば、レッシングは公的世界にたいして批判的であったが、それは何らかの世界観に基づくものではなかった。世界観は「何らかの観点に固定されるために、世界でのさらなる経験から独立してしまう」からである。レッシングにとって、一つの観点に固定されることは、予測不可能な世界における経験を遠ざけ、自由な思考を妨げるものだった。彼にとっては、一つの真理よりも多様な意見が存在することのほうが重要であり、行為にも思考にも自由な動きが不可欠であった。アーレントはこのレッシングの思考の自由を次のように解釈している。

レッシング的な思考は人間から生まれるというものでも、そのなかで自己が表明されるというものでもありませんでした。そうではなく、人間が――レッシングによれば人間は理性のためではなく行為のために創造されたのですが――そのような思考を選ぶのです。なぜなら、人間は結局のところ思考において、世界のなかで自由に動く仕方を発見するからです。私たちが自由という言葉を耳にするとき、頭に思い浮かぶあらゆる特有な自由のなかでの動きの自由 Bewegungsfreiheit は、歴史的に最も古いだけではなく、最も基本的なものです。つまり、行きたいところへ出発することができることは、自由であることの最も起原的な身ぶりなのです。

アーレントが「動きの自由」を思考の「身ぶり」と結びつけていることに注意しておきたい。世界での人間の自由が第一に経験される活動＝行為においても、動きの自由は欠かせない条件であった。たとえば「国内亡命」のように、自由な動きができない暗い時代に人びとが思考へと退却する場合でも、「動き」が重要となる。思考に動きがなくなり、疑いをいれない一つの世界観にのっとって自動的に進む思考停止の精神状態を、アーレントはのちに「思考の欠如」と呼び、全体主義の特徴と見なしたのである。

「思考の動き」のためには、予期せざる事態や他の人びとの思考の存在が不可欠となる。そこで対話や論争を想定できるからこそ、あるいは一つの立脚点に固執しない柔軟性があって初めて、思考の自由な運動は可能になる。レッシングの動きのある思考は、たとえ世界と調和しなくても世界に関わり、多様な意見が共存することを重視する。それは、人びとが結合したり離れたりするような距離をもっていることと連関していた。アーレントは次のように語った。

レッシングはあくまでも政治的人間であったので、真理は、それが語り合いによって人間的なものとなるところにのみ、すなわち各人が思いついたことではなく「真理とみなす」ことを語るところにのみ存在すると主張しました。しかし、そのような発話行為は孤独のなかではほとんど不可能です。それは、多くの声が存在し、何を「真理とみなす」かの言明が、人びとを結合すると同時に分離するような、つまり、世界を構成する人びとのあいだに距離が確立されるような空間に結びついているのです。

ユダヤ人であること

この受賞演説から数年後に、アーレントはナチの官僚アドルフ・アイヒマンのイェルサレムでの裁判について書き、そのことによって、ユダヤ人の友人のほとんどを失うことになる。長年の友人でありベンヤミンを失った悲しみを共有したユダヤの碩学《せきがく》ゲルショーム・ショーレムとも断絶した。論争渦中で、ショーレムから「ユダヤ人への愛がないのか」と問い詰められたアーレントは、「自分が愛するのは友人だけであって、何らかの集団を愛したことはない」と答えた。その一方で彼女は、「ユダヤ人であること」は「生の所与の一つ」とし、「その事実を変えようとしたことはなかった」と断言した。学生時代には、アーレントをドイツ人と見なすヤスパースにたいして抵抗し、第二次世界大戦中には「ユダヤ人として攻撃されるならばユダヤ人として自分を守らなければならない」と主張しつづけた。「集団としてのユダヤ人への愛」はなく、同時に「ユダヤ人として自分を守る」というのは、どういう立場だろうか。レッシング賞受賞演説ではこう語っている。

わたしはドイツから比較的若いころに追放されたユダヤ人の集団に属します。このことを強調するのは、人間性について語るときにあまりにも生じやすい誤解を避けるためです。この関連で述べておかなければなりませんが、わたしは何年ものあいだ、「あなたは何者か」という問いには「ユダヤ人です」と答えることが唯一適切な答えだと、すなわち迫害の現実を考慮に入れる唯一の答えだと見なしていました。

アーレントは、レッシングの『賢者ナータン』を引き合いに出して、「ユダヤ人よ、近う寄れ」と促されて「わたしは人間です」と答えるような態度を、「グロテスクで危険な現実回避」だと見なす。『全体主義の起原1　反ユダヤ主義』において論じられているように、レッシングの生きていた一八世紀のドイツ啓蒙主義時代、ユダヤ人の存在はむしろ「すべての人間が人間である」ということの証明であると考えられていた。また、ドイツ人とユダヤ人との交友は、その担い手の「寛容」と「偏見のなさ」を示すものであった。つまり、度量を示す対象としてのユダヤ人の存在そのものが、「人類の全種類と親しむことができるということ」を証明していると考えられたのだった。この場合、「人間であること」の強調は差別と背中合わせだったのである。また、こうして「人間性」が掲げられる一方で、そこでの社会は、ドイツ的教養を身につけたユダヤ人だからこそ「例外」として受け入れたという事情もあった。すなわち、当時の人文主義は、ユダヤ人を自分たちと同じ「教養」をもちながらも「ユダヤ人」である者として、さらには「抑圧された民族からの出身」であり「特殊性」を帯びた、「人類の新しい見本」として受け入れたのである。したがって、そのようにして受け入れられた教養あるユダヤ人たちは、ドイツ社会での「例外」であると同時に、ユダヤ民族のなかの「例外者」でもあった。

政治の現在形を認識すること

アーレントは、レッシングが当時の人文主義者たちのなかでは独立的に、ドイツ（プロイセン）を「ヨーロッパの最も奴隷的な国」と呼ぶ政治的判断力をもっていたのにたいして、彼の友人でもあり当時を代表するユダヤ人哲学者モーゼス・メンデルスゾーンでさえ、ユダヤ人の政治的権利については無関心であったことを見逃さない。そのような非政治性、つまり現実を把握できなかった状況が、のちの全体主義の一つの要素と結びついた。その点を痛感していたアーレントは、「人間性」という言葉にも慎重でなければならなかったのだ。しかし、彼女が意図したのは、ユダヤ人を特別な存在として見ることではけっしてなかった。受賞演説のなかで彼女は次のように続けている。

わたしは「ユダヤ人」という言葉で、ユダヤ人の運命が人類の運命を代表するとか判例的であるといったような、何らかの特別な人間存在のあり方を念頭においていたのではありませんでした。……「ユダヤ人」ということでわたしが意図したのは、歴史的な負荷あるいは特徴をもった実在ということではなく、政治の現在形を認識することにほかならなかったのです。そこで命じられていた帰属のかたちは、まさしく個人的アイデンティティの問題を、匿名という意味で、すなわち無名という意味で決定づけていました。

当時命じられた帰属のかたちとは、「ユダヤ人」ということであった。差別的なカテゴリーを押しつけてくる政治のなかでは、そのカテゴリーを手に抵抗するしか現実的な手段はない、とアーレントは考えた。しかし、それは「個人的なアイデンティティ」とは異なる。そのような状況では、「個人的なアイデンティティ」は「無名」なものとして差別的カテゴリーに還元される。つまり、そうした場合には、「ユダヤ人」として現実的に抵抗すると同時に、そうした押しつけられる「帰属」の内実に自らの存在性格を還元させない視点が必要となってくるのである。彼女によれば、階級的帰属や民族的帰属は社会的差別や被抑圧者の排除を生み出すが、反転させれば、そうした帰属への還元あるいは平板化は、抑圧する側も「無名」、すなわち「誰でもない者」から成り立っているということを示していた。アーレントが「社会的なもの」と見なし、彼女自身その「文書の壁」に苦しめられた官僚制的支配もまた「誰でもない者」から構成されていた。

また、アーレントにとって「人間的であること」は、たとえそれが摩擦や敵対を生み出すものであっても、複数の人びとが「あいだ」の領域である世界に生きることにほかならなかった。ユダヤ人であることにおいてもそれは要請される。複数の視点が存在する世界に生きるとは、「人間」として抽象的に同じであろうとすることでもなければ、特殊性を強調することでもなかった。

アーレントは、複数の人びとが距離をもって共有する世界を媒介とせずに人びとが直接に結びつく同胞愛や親交の温かさのなかでは、人びとは論争を避け、可能なかぎり対立を避けると語る。彼女はこうした同胞愛や温かさが不必要だと言っているのではない。それが政治的領域を支配してしまうとき、複数の視点から見るという世界の特徴が失われ、奇妙な非現実性が生まれると言うのである。複数の視点が存在する領域の外部にある真理は、善いものであろうと悪いものであろうと、非人間的なものだ、と彼女は言い切る。なぜなら、それは突如として人間を一枚岩の単一の意見にまとめ、単数の人間、一つの種族だけが地上に住むかのような事態を生じさせる恐れがあるからである。世界喪失への危惧はこうしたところにも存在していた。

III　アイヒマン論争

アイヒマン裁判

レッシング賞授賞式のあと一ヵ月半ほど、アーレントはヨーロッパをベルリン、パリ、フィレンツェと回り、バーゼルのヤスパース家にも立ち寄って、一九五九年一一月にニューヨークに戻った。帰宅直後に建物の玄関ホールで黒人の少年二人にハンドバッグをひったくられるという事件があったことから、アーレントはすぐに引っ越しを考えた。そして渋るブリュッヒャーを説得し、年内にはいくつか通りを隔てたリヴァーサイド・ドライヴ三七〇番地に移った。小さな部屋もふくめて五部屋ある内装も新しい住居で、それぞれが書斎をもつことができ、書斎からはハドソン河を眺めることができた。建物は「ドアマン」付きで管理も行きとどいていた。終《つい》の棲家《すみか》となったこの住居に彼女たちは満足し、大晦日《おおみそか》の恒例のパーティには六〇人以上の来客があったという。アーレントは手伝いの女性一人と一緒にすべてをこなし、家の中を完璧に片づけてから朝七時にベッドに入った。

そうして迎えた一九六〇年も半ばの六月、『人間の条件』のドイツ語版を仕上げたアーレントの関心は、五月半ばにアルゼンチンのブエノスアイレスでイスラエル諜報機関によって逮捕され、秘密裏にイェルサレムに連行された元ナチ官僚アドルフ・アイヒマンの裁判に向けられていた。アイヒマンは、ナチ親衛隊のユダヤ人問題の専門家として出世し、ゲシュタポのユダヤ人部門の責任者として「最終解決」（行政的大量殺戮）の実行を担っていた。ドイツやドイツが占領した地域のユダヤ人たちを強制収容所や絶滅収容所に移送する指揮をとっていたのである。アイヒマンは終戦後潜伏・逃亡し、元親衛隊員の秘密組織やフランシスコ派の聖職者の助けを得ながら偽名の旅券で一九五〇年にアルゼンチンに到着。二年後には妻子を呼び寄せて暮らしていた。イスラエル首相ダヴィド・ベン゠グリオンは、数週におよぶ取り調べの後、アイヒマンをイスラエルの法廷で裁判にかけるという声明を出した。

国連がこの裁判を承認し、イェルサレムでの裁判が決まった後、アーレントは心にいだいていたことを実行する。それは、アイヒマン裁判の取材のために自分をイェルサレムに派遣する雑誌を探すことだった。雑誌『ニューヨーカー』の編集長ウィリアム・ショーンがアーレントの申し出をすぐさま受け入れ、彼女はぎっしりと詰まったスケジュールの調整を猛スピードで進め、講義のキャンセルや研究助成金の条件変更を願い出る手紙をかたっぱしから書いた。一九三三年にドイツを出国したためナチの全体主義をじかに体験しておらず、ニュルンベルク裁判も見ることができなかったアーレントは、いま「生身のナチ」を見て考えることが過去にたいする自分の責任だと考えたのである。「もし行かなかったら自分を許せないでしょう」とアーレントはヤスパースへの手紙で書いている。裁判は六一年四月一一日に始まった。アーレントは四月七日にニューヨークを出発しパリ経由で九日にイェルサレムに着いている。イェルサレムでは従弟家族や旧友たち、そしてブルーメンフェルトが彼女を温かく迎えた。

法廷のアイヒマン

ブルーメンフェルトはアーレントのためにヘブライ語の情報を翻訳し、さまざまな人物を彼女に紹介した。彼女は老いて体の弱ったブルーメンフェルトを心配しながらも、ユーモアのセンスと頭脳の明晰《めいせき》さでは変化のないブルーメンフェルトとの会話を心から楽しんだ。アーレントは、「ガラス箱のなかの幽霊」のようなアイヒマンについての第一印象や検事や弁護士や裁判長の様子などを、ブリュッヒャーとヤスパースに書き、ブルーメンフェルトから彼らへの挨拶をそえた。ブリュッヒャーはアーレントの手紙に応答しながら、裁判に関するアメリカの報道や世界情勢について彼女に知らせた。ヤスパースもヨーロッパの報道に注意しながら彼女の様子を見守った。アーレントは一ヵ月後に一度イェルサレムを離れ、バーゼルのヤスパースやミュンヘンの友人を訪ねた。今回はヤスパース家ではなくホテルに滞在した。イェルサレムでの日々は充実していたとはいえ、やはり疲弊させられるものでもあり、彼女は一人の時間も必要としたからである。彼女はホテルで『革命について』の執筆も進めなければならなかった。アーレントはその後短期間またイェルサレムに戻り、六月末にはチューリッヒでブリュッヒャーと落ち合った。二人はイタリアを旅行した後バーゼルのヤスパースを訪ね、彼に大きな喜びを与えた。ブリュッヒャーにとっては長年待ち望んだ初めての訪問だった。ブルーメンフェルトもブリュッヒャーに会いたがったが、ブリュッヒャーは生涯一度もイスラエルには行かなかった。彼は一九三三年の出国以来、ドイツにも一度も足を踏み入れなかった。

八月末にニューヨークに戻ったアーレントとブリュッヒャーはそれぞれの仕事に戻る。アーレントは『革命について』の草稿を仕上げつつ、イスラエルから持ち帰った膨大な資料を整理し、裁判についての執筆を始めなければならなかった。延期していた大学での講義もあった。ところがその秋、アーレントがウェズリアン大学で教えはじめた矢先に、ブリュッヒャーが動脈瘤《どうみゃくりゅう》破裂で倒れた。死亡率は五〇パーセントであったが、幸いにもブリュッヒャーは回復した。アーレントはウェズリアンで週三日教え長い週末はブリュッヒャーの元にかけつけるという生活をしばらく続けた。

ブリュッヒャーが復調し、一二月半ばにアイヒマンの死刑判決が下され、アーレントは「資料の山」に戻った。しかしそれもつかの間、年明けには体調をくずし、三月には交通事故に遭う。命に別条はなかったが全治二ヵ月の大怪我だった。アーレントは気丈にふるまい、医師の判断で春の講義が中止された時間を利用して山荘にこもってアイヒマン裁判の報告を書き始めた。六二年六月一日アイヒマンの絞首刑は執行された。

『イェルサレムのアイヒマン』

アイヒマン裁判について、アーレントは一九六二年の夏から秋にかけて本格的に執筆し、一一月末には脱稿した。「イェルサレムのアイヒマン―悪の陳腐さについての報告」は、『ニューヨーカー』誌に一九六三年二月一六日から三月一六日までの毎週、五回に分けて掲載され、同年五月に本として公刊された。

第一章では法廷の特徴、第二章と第三章ではアイヒマンのおもな伝記的事柄やナチ政権下でのユダヤ人問題専門家としての働きが叙述されている。第四章から第六章では追放、強制収容、殺戮という「最終解決」までのプロセスが語られる。第七章では「最終解決」の遂行が調整されたヴァンゼー会議、第八章では殺人を遂行する法律に従う状況について論じられる。第九章から第一二章ではヨーロッパ全土からの移送、第一三章では殺戮センターの詳細が、第一四章と第一五章では証拠と証人、判決と上告と処刑がテーマとなっている。エピローグでは裁判全体の問題点についてまとめられている。

第一回目の雑誌掲載直後から、アーレントはそれまでに経験したこともない激しい非難と攻撃を浴びた。彼女は自分にはその法廷がどのように見えたかを語ったのだが、それは許されざる見解だった。彼女は、裁判長のランダウ判事が「被告が告発され弁護され判決を受ける」という法廷にあるべき「正義」に仕えていたのにたいして、「裁判全体の見えざる舞台監督」であるイスラエル首相ベン＝グリオンが検事長ハウスナーをとおして展開しようと意図していたのは、「反ユダヤ主義の歴史」であり、「ユダヤ人の苦難の巨大なパノラマ」という「見世物」であったと指摘した。さらにはイスラエルでユダヤ人と非ユダヤ人の結婚を禁止する法律があることを批判した。また、ナチ官僚とユダヤ人組織の協力関係に言及した。アーレントの言葉は、ユダヤ人にナチの犯罪の共同責任を負わせ、イスラエル国家を批判するものと受けとめられたのである。

『イェルサレムのアイヒマン』は刊行前から非難の嵐に巻き込まれ、刊行後数年たつまで攻撃の文書が絶えなかった。批判はおもに次のような点に向けられていた。一つには、アーレントがユダヤ評議会のナチ協力にふれた点である。「ユダヤ評議会はアイヒマンもしくは彼の部下から、各列車を満たすに必要な人数を知らされ、それに従って移送ユダヤ人のリストを作成した」と彼女は書いた。もう一つには、アーレントがドイツ人の対ナチ抵抗運動、とりわけヒトラー暗殺を企てた七月二〇日事件に言及し、その勇気はユダヤ人への関心や道徳的な怒りから出たものではないと述べた点である。アーレントによれば、「彼らの反対運動を燃え上がらせたものはユダヤ人問題ではなく、ヒトラーが戦争の準備をしているという事実だった」。さらには、アイヒマンを怪物的な悪の権化ではなく思考の欠如した凡庸な男と叙述した点である。紋切り型の文句の官僚用語をくりかえすアイヒマンの「話す能力の不足が考える能力――つまり誰か他の人の立場に立って考える能力――の不足と密接に結びついていることは明らかだった」と彼女は述べた。無思考の紋切り型の文句は、現実から身を守ることに役立った。こうしたアーレントの見方すべてが、アーレントは犯罪者アイヒマンの責任を軽くし、抵抗運動の価値を貶《おとし》め、ユダヤ人を共犯者に仕立て上げようとしていると断言された。アーレントにたいする攻撃は、組織的なキャンペーンとなり、アーレントは実際にテクストをまったく読んでいない大量の人びとから追い詰められることになった。

アーレントは戦時中の体験から、「世界は沈黙し続けたのではなく、何もしなかった」と考えていた。大量殺戮が始まる以前の一九三八年の「水晶の夜」にたいする各国の言論上の非難は、難民の入国制限を進めるという行政的措置と矛盾していた。「ナチが法の外へと追放した人びとはあらゆる場所で非合法となった」のである。アーレントはナチの先例のない犯罪を軽視しているわけではけっしてないが、ナチを断罪してすむ問題でもないと考えていた。また、加害者だけでなく被害者においても道徳が混乱することを、アーレントは全体主義の決定的な特徴ととらえていた。アイヒマンの無思考性と悪の凡庸さという問題は、この裁判によってアーレントがはじめて痛感した問題であった。アーレントは裁判以後にこの問題をあらためて追及することになる。

友人たちとの絶縁

公的なキャンペーンによる総攻撃よりもアーレントを深く傷つけたのは、親しい友人たちから絶縁されたことだった。アーレントは長年のユダヤ人の友人のほとんどを失った。この痛みが癒えることはなかった。ハンス・ヨナスとはヨナスの妻のとりはからいによって関係が復活したが、この問題について言葉を交わすことはなかった。ゲルショーム・ショーレムとは書簡を交わしそれを公開したが、決裂のままに終わった。ケーニヒスベルク時代からのつながりでアメリカ到着後にアーレントの生活を支えた伯母のような存在のユーリエ・ブラウン＝フォーゲルシュタインも、『イェルサレムのアイヒマン』刊行以後はアーレントに会おうとしなかった。

一九六三年五月初め、論争の渦中のアーレントは個人的な友情を回復するためにイスラエルを数日間訪れたが、親しかった従弟家族とも友人たちともほとんど対話できなかった。病床にあったクルト・ブルーメンフェルトには会うことすらできなかった。アーレントの姪（従弟の娘）のエトナ・ブロッケは、次のように語っている。

ヨナス

わたしは彼女をブルーメンフェルトが看護されている施設に車で送っていきました。でも迎えには行きませんでした。彼女はタクシーで私たちの家に戻ってきました。私はあのときの瞬間をけっして忘れません。彼女は彼に会えなかったのです。彼女は食卓に座って前かがみとなり、ずっと黙っていました……

（"Selbst denken schafft nicht Freunde, sondern macht einsam"）

亡命や無国籍状態、伝統との断絶というい︎くつもの亀裂を経験したアーレントにとって、個々の友人とのつながりだけが「生の連続性」を肯定するものだった。一九四五年、彼女はニューヨークからイェルサレムのブルーメンフェルトに次のように書いたことがあった。

昔の友人に再会する不安は、わたしにはよく分かる。わたしたちのようなボヘミアンの場合、つまりどこにも根をもたなくて、だから自分の環境世界を持ち歩いているような、もっと正確にいえばそれをいつも新たに作り出すことを必要とせざるをえないような、そうした人たちの場合、この普通に人間的で自然な不安から簡単にパニックが生じてしまう。自分たちの感受性が（比喩的にいえば）蔵書にも家財道具にも守られていないということが分かっているから。

（ブルーメンフェルト宛書簡、八月二日）

そのようにしてアーレントが正直な感情を表せた父のような存在との、苦い最後であった。

第6章 思考と政治

I 「論争」以後

非難の嵐のなかで

『ニューヨーカー』誌へのルポルタージュ「イェルサレムのアイヒマン」の第一回目の掲載直後の一九六三年二月後半から、アーレントはドイツ、フランス、ギリシア、イタリア、スイスを回り、四ヵ月半ほどの間ヨーロッパで過ごした。バーゼルのヤスパース夫妻にも会った。ブリュッヒャーも一ヵ月遅れでこの旅に合流している。五月初めにアーレントはイェルサレムにも数日間行ったが、エトナ・ブロッケの証言によれば、このとき彼女はブルーメンフェルトに会えなかった。ブルーメンフェルトはその数週間後の五月二一日に亡くなった。アーレントは最後に彼と会話を交わしたとする研究もあるが、その有無よりも、その時期のヤスパースへの手紙で彼女がブルーメンフェルトについても彼の死についても一切ふれていないことが、彼女の心の痛みの深さを物語っているだろう。イスラエル訪問のさいの唯一の慰めと安らぎは、この「姪《めい》っ子」エトナ・ブロッケとの関わりだったようだ。

自らの著作が渦の中心となっている騒ぎについてもちろん彼女は知っていたし、手紙も部分的には旅先まで転送されていた。しかし、攻撃キャンペーンの規模とレベルに直面するのは、ニューヨークに戻ってからだった。家中が非難の手紙で文字どおり一杯だったという。ナチへの協力を指摘された元ユダヤ評議会メンバーのなかにはイスラエルの高官になっている者もいて、アーレントの著書は国家レベルの政治に巻き込まれることにもなった。アイヒマン裁判の検事長ハウスナーがアメリカにやってきて、シオニスト組織の協力のもとに、アーレント批判のための各種集会や彼女の著書の非買運動がくり広げられた。シナゴーグではラビが説教壇からアーレント批判をおこなうこともあった。一九四〇年代に彼女が数年にわたってコラムを書いていた『アウフバウ』など数々の雑誌や新聞もキャンペーンに加担した。

しかし、学生をはじめとしてアーレントを支持する人びとも少なくはなかった。七月二三日にコロンビア大学のラビであるアルバート・H・フリートレンダーがアーレントを講演者として招いた集会には、五〇〇人を超える学生がつめかけ、彼女を拍手喝采で迎えた。この成功にたいしては、イスラエル政府やユダヤ人組織がアーレント攻撃を大学内部にまで持ち込むという結果がともなった。それにもかかわらず、彼女がその秋から教鞭をとったシカゴ大学や、講演を依頼されたイェール大学やニューヨーク市立大学などの数々の大学で、アーレントは大勢の学生から大喝采で迎えられた。授業など学生における『イェルサレムのアイヒマン』の需要が増え、ペーパーバックの刊行が早められたという。「大学が救いになりました」とアーレントはヤスパースに書いている。学生たちはアーレントの言葉を通じて、あらゆる国家における市民的責任の問題について、さらには一九六〇年代のアメリカ社会や官僚や軍人の問題について考えることを学んでいった。

彼女を支持した人びと

「ニューヨーク知識人の内戦」(アーヴィング・ハウ)とも呼ばれた論争のなかで、ユダヤ系知識人ではごく少数の人びとだけがアーレントを支持した。オーストリア出身の精神分析学者でブーヘンヴァルト強制収容所の生き残りでもあったブルーノ・ベテルハイム(一九〇三―一九九〇年)、アメリカ生まれのロシア系ユダヤ人社会学者のダニエル・ベル(一九一九―二〇一一年)などである。自らの収容所体験から、ナチ親衛隊の国家が犠牲者の協力なしには機能しえなかったことを指摘したベテルハイムは、ユダヤ人が自民族の絶滅に果たした役割について詳細に論じた歴史家ラウル・ヒルバーグ(一九二六―二〇〇七年)と同様に、批判を浴びた。ベテルハイムの証言やヒルバーグの研究『ヨーロッパ・ユダヤ人の絶滅』(一九六一年）は、アーレントの参考文献でもあった。

ベテルハイムは、『イェルサレムのアイヒマン』公刊後すぐに書いた長文の書評論文で、アイヒマン裁判で問題となっているのは犠牲者までをも巻き込んだ全体主義体制であり、それを反ユダヤ主義の最終章としてではなく、「技術志向の大衆社会」のなかで今後も生じる恐れがある全体主義の第一章として見なさければならない、と強調した。そして、この裁判では全体主義体制下の人間が自分の魂と生命を救いうるかどうかの分岐点が明らかになっていると書いた。アイヒマンは初めて絶滅収容所を訪問したとき失神しそうになったが、「自分の感情的な反応に注意を向けるかわりに」自らの義務として「割り当てられた仕事」を遂行しようとした。「これは、アイヒマンにとって戻り道のない地点であった」。そうした重大な瞬間はドイツ人だけでなくユダヤ人にもあったとベテルハイムは指摘し、次のように主張している。

もしわれわれが、自分の価値観に従い自分の経験に即して立ち上がらず、自分の確信や感情を犠牲にして、全体主義的制度への協力を一歩踏み出してしまうならば、協力するたびごとにさらにきつくなる網の目に捉えられてしまい、ついにはそこから自由になることができなくなってしまうのである、……

（『生き残ること』）

ダニエル・ベルは、アーレント批判の先陣をきった劇作家ライオネル・エイベル（一九〇〇―二〇〇一年）による「アイヒマンとユダヤ人」が掲載された『パーティザン・レヴュー』一九六三年夏号の次号である秋号に、「アーレントの本は正義についての本だ」とする論稿を書いた。エイベルは、アーレントの本は犠牲者よりもアイヒマンに好意的で、そこで述べられているのは誤りだらけであると断じていた。ベルは、ユダヤ人への犯罪ではなく「人類への犯罪」としての裁判を追及するアーレントの正義の基準が、イスラエル国家の利害と衝突したと指摘する。さらに、アイヒマンおよびナチの犯罪は狂人やサディストによっておこなわれたと考える方が楽だがそれは事実ではないと述べ、「必然あるいは義務」として遂行されるとき悪は悪として感じられなくなるのだと書いた。アイヒマンはナチ第三帝国の「法王」であるお偉方が「最終解決」について決定するならば「判断を下せるような人間」ではない自分には罪はないと感じた。ベルは、大量殺戮である絶滅作戦を「最終解決」と呼ぶようなナチの用語法が出来事からの心理的距離と犯罪のスムーズな遂行を可能にしたというアーレントの指摘を賞賛しつつも、アーレントの要求する普遍的な正義が世界を判断する物差しとしては厳しすぎるとも書いた。

アーレントの親友で作家のメアリー・マッカーシーは、「非ユダヤ人」としての介入の難しさを自覚し、「友人だから先入見をもっていると思われる」のを躊躇していたが、やはりペンをとった。マッカーシーは一九六四年冬号の『パーティザン・レヴュー』に「抗議の声」というタイトルで書き、エイベルが展開した個々の批判にたいしてアーレントを次のように弁明した。ユダヤ人指導者の協力についてはすでに知られていたことだったが、ナチの犯罪を明らかにする文脈で話題にしたことが衝撃と誤解を与えた。アーレントは彼らが抵抗しなかったことを非難しているのではなく、彼女の言いたいのは抵抗と協力の間に何らかの行為の余地があったのではないかということだ。アイヒマンを怪物と呼んでいたら彼の罪はもっと大きなものになっただろうか。犯罪者と犯罪のあいだの隔たりはオートメーションのような技術の発展の結果である。アイヒマンはヒトラーの命令を遂行することを自分の価値を証明する意義ある貢献だと見なしていた。これらの点を詳細に論じたうえで、マッカーシーは、アーレントは今後地上で「余計者」になりかねない人びとのために歴史から学ぶストーリーを語ったのだ、と書いた。

ヤスパースによる励まし

『イェルサレムのアイヒマン』のドイツ語版は一九六四年に出た。ドイツ在住の女性ブリギッテ・グランツォウによる翻訳にアーレントが目を通し、英語版では簡略にしていたドイツの抵抗運動に関する個所などに加筆し、まえがきをつけた。しかし、彼女が英語版で書いた主張を変えることはまったくなかった。ドイツ語版刊行前にすでにドイツではアーレント批判の論文や本が出ていたが、彼女は、自分の皮膚が「去年一年で象も羨むほどの厚さになった」から平気だ、とヤスパースに書いている。

ヤスパースは、アーレントの著書が騒ぎになりはじめたころから一貫して親身になって彼女を支えていた。返事がこなくても手紙で励ましつづけている時期もある。彼は、彼女が「嘘にたてこもって生きているあれほど多くの人のいちばん痛いところを衝《つ》いた」のだと述べ、自分の発言がそうした人びとの「生きるための嘘」への攻撃ともなることに気がつかない彼女の「ナイーヴさ」に言及している。他方で、「レッシングにも似た」彼女の文筆家としての力量を称《たた》え、歴史的事実にかんして自身の知識やもっている情報や助言を惜しみなく提供した。公的にも彼女を全面的に支持し、六五年二月には「イェルサレムのアイヒマン」という題でラジオで話している。ヤスパースは、アーレントがおこなっているのは事実の報告であり、一九四四年のドイツの軍人たちによる抵抗運動は行政的大量殺戮の倫理的責任を減ずるものではないこと、ユダヤ人組織の協力が行政的大量殺戮の過程を容易にさせたこと、われわれは悪魔ではなくアイヒマンという「つまらない男」によってこの犯罪が遂行されたということに耐えなければならないことを、きわめて明瞭に伝えた。さらに、ニューヨークでの論争の状況、アーレントへの賛同の声の存在、彼女のライフストーリーや「思惟の独立性」について、ヨーロッパの公衆に向けて熱意をもって具体的に語りかけた。

さらなる理解のために

アーレントは、一九六三年の七月末に友人ゲルショーム・ショーレムの手紙への返事を書いた。ショーレムの手紙とアーレントの返信は半年後にドイツ語、ヘブライ語、英語の新聞で公開されている。ショーレムは、彼女の本に見られる「冷笑的で悪意に満ちた語り口」に異議を唱え、それがユダヤ人の受難や悲劇にとってあまりにも不適切なスタイルであり「心の礼節」を欠くものだと批判し、「民族の娘」である彼女に「ユダヤ人への愛」が見られないことが残念だと述べた。アーレントは、自分は「民族の娘」ではなく自分自身以外の何者でもないと答え、さらには、自分が愛するのは友人だけなのであり、「なんらかの民族ある

い は集団を愛したことはない」と書いた。また、政治における「心の役割」は真実を隠し、不愉快な事実を報告する者を責める状況にもつながると述べ、彼女自身の「大きな悲しみ」は見せるためのものではないとも伝えている。

このように個々の批判に答えるのは例外的であったが、アーレントはアイヒマン裁判や自著をめぐる論争のなかで浮かび上がってきた問題を、さらに理解するために考え続けた。それらは講義や講演の原稿、インタヴューなどのなかで表現され、その後活字として公刊された。おもなテーマは、独裁体制下における個人の責任について、道徳性や思考と悪をめぐる問題、真理と政治の関係についてであった。真理と政治についての考察は、アイヒマン問題においてアーレント自身が書いた事実が政治に巻き込まれた経験をきっかけとしている。これらの諸論稿は、個人的には深い痛みをもたらした経験を心理的に解決するのではなく世界との関わりのなかで思考し、その意味を理解しようとするアーレントの姿勢を示してもいるだろう。

もっとも彼女は、思考と道徳、真理と政治については何年にもわたって論稿に手を入れ続けている。「真理と政治」は最初六三年にドイツのラジオ局で講演され、その後同じタイトルの講演や講義で何度も手が加えられた。思考と道徳についても、六五年のニュー・スクールでの講義「道徳哲学のいくつかの問題」から始まり、その後シカゴ大学などでも講義され、持続的に考察が加えられ、七〇年に学会で発表され七一年に公刊された論文「思考と道徳の問題」につながり、彼女の死後に出版された『精神の生活』の第一部「思考」の数章に組み込まれている。

「独裁体制のもとでの個人の責任」

「独裁体制のもとでの個人の責任」のなかで、アーレントは「公的な生活に参加し、命令に服従した」アイヒマンのような人びとに提起すべき問いは、「なぜ服従したのか」ではなく「なぜ支持したのか」という問いであると述べた。彼女によれば、一人前の大人が公的生活のなかで命令に「服従」するということは、組織や権威や法律を「支持」することである。「人間という地位に固有の尊厳と名誉」を取り戻すためには、この言葉の違いを考えなければならない。

アーレントは、ナチ政権下で公的な問題を処理していた役人は「歯車」であったかもしれないが法廷で裁かれるのは一人の人間である、と強調し、全体主義の犯罪性の特徴について論じている。全体主義下では公的な地位についていた人びとは体制の行為に何らかのかたちで関わらざるをえなかった。そうした人びとが「職務を離れなかったのはさらに悪い事態が起こることを防ぐためだった」と弁解する。仕事を続けたほうが「責任を引き受けている」のであり、「公的な生活から身をひいた人は安易で無責任な形で逃げだしたのだ」という主張である。それにたいしてアーレントは、「世界に対する責任」「政治的な責任」を負えなくなる「極端な状況」が生じうると述べ、次のように続けた。

政治的な責任というものは、つねにある最低限の政治的な権力を前提とするものだからです。そして自分が無能力であること、あらゆる力を奪われていることは、公的な事柄に関与しないことの言い訳としては妥当なものだと思うのです。(『責任と判断』)

アーレントは別の論稿では「何もしないという可能性」、「不参加という可能性」という言葉を使っている。彼女は、こうした力のなさを認識するためには現実と直面するための「善き意志と善き信念」を必要とすると指摘し、絶望的な状況においては「自分の無能力を認めること」が強さと力を残すのだ、と語った。独裁体制下で公的参加を拒んだ人びとは、そうした体制を支持することを拒み、不参加・非協力を選んだのである。そしてこうした「無能力」を選ぶことができたのは、自己との対話である思考の能力を保持しえた人たちだけだった。

ラジオ・テレビへの出演

ところでアーレントは一九五〇年代から一九七〇年代前半まで、総計二〇回以上のラジオ講演をおこなっている。最初のものは五三年のベルリンの放送大学での「人類とテロル」および「ヘーゲルからマルクスまで」という講義である。『過去と未来の間』に収められている「自然と歴史」(「歴史の概念」の一部)「教育の危機」「真理と政治」(「自由とは何か」)、「自由と政治」、『革命について』の序章である「戦争と革命」、『暴力について』に収められている「暴力について」「政治における嘘」などもラジオ講演されている。公刊されているものと原稿で違いがある場合もあるが、いずれにしてもこれらの論稿が声を出して読み上げられたということである。そのほとんどがドイツ語でドイツの放送局からのものであるが、スイスからの放送もいくつかある。「独裁体制のもとでの個人の責任」は英語で六四年六月一四日に、BBC放送で流された(録音はニューヨーク)。

数はそれほど多くないが一九六〇年代半ばからはテレビでもインタヴューを受け、いくつかの講演も放映されている。もっとも、彼女はテレビ出演をヨーロッパにかぎり、過剰に「公的な顔」となりたくないアメリカではすべて断ったという。内容的にも重要で、賞をとったことで有名にもなったのは、六四年一〇月二八日に西ドイツZDF局で放映されたギュンター・ガウスによるインタヴューである。ガウスは当時著名であったジャーナリストで、アーレントのインタヴューも翌年「何が残った？　母語が残った」という表題で彼のインタヴュー集に入り、活字として公刊された。このインタヴューではじめて、アーレントは公的な場で自身の生い立ちや学生時代、ナチ政権下や亡命時代の活動などについて語ったのだった。

活字になったものには入っていない一言なのだが、このインタヴューでヤスパースについて語る場面で、アーレントは「ヤスパースが放送を聞いてくれているといいけど」と言っている。ヤスパースは放映当日、ドイツからの電波を受信できるテレビのある知人宅に見に行った。翌日に書いたアーレントへの手紙で、画面に映った彼女の姿にたいして、「頭部が実物大以上に大きく映されて腹が立つ」などこまかなコメントを書いているのが面白い。ヤスパース自身もラジオやテレビの講演はおこなっていた。アーレントとブリュッヒャーは、テレビは民主主義を活性化すると見なし、政治討論番組を好んで見たという。六〇年秋の大統領選でも「二四時間テレビに釘づけ」だったというが、彼女たち自身がテレビを購入したのは六五年の初めだったらしい。

II　暗い時代

ケネディとロンカッリの死

一九六三年一一月二二日、アーレントたちがテレビの前で見守った大統領選で勝利し六一年に就任したアメリカ大統領J・F・ケネディが、遊説先のテキサス州ダラスで暗殺された。ケネディ狙撃のニュースが報道されたとき、アーレントはメアリー・マッカーシーと一緒にシカゴ大学の教員食堂で昼食をとっていた。マッカーシーは当時パリに住んでいたが、ニューヨークに仕事があり週末にかけてシカゴにアーレントを訪ねていたのだ。ニュースを聞いた給仕の学生たちはその場で泣き出したという。アーレントもケネディ殺害に衝撃を受けたが、それに続いた被疑者の殺害と事件を闇に葬り去ろうとするダラス警察のやり方にも大きな危惧をいだいた。彼女はその年に公刊した『革命について』でアメリカ建国時の「失われた宝」を掘り起こそうとし、ケネディの登場と人びとの政治への関心の高まりに期待をいだいたが、その共和国は「警察国家」のような姿をとりはじめていたのである。「いま危殆《きたい》に瀕《ひん》しているのは共和国の存立そのものにほかなりません」とアーレントはヤスパースに書いた。

ケネディの暗殺にたいして、ブリュッヒャーは「内政でも外交でもバランスを支えていた中心点」が撃ち抜かれたと語った。アーレントはその年末に「合衆国の運命―ケネディとその後」という短い文章を書き、将来はわれわれにかかっているのだからケネディの死を決定的な悲劇にしてはならないと述べた。彼女は、ケネディの個々の政策というよりも、彼が政治的敵対者の視点をけっして排除しようとしなかったこと、公的領域に輝きをもたらしてもらうという希望から文人たちをホワイトハウスに招いたことなどを、その政治的な徳と見なした。そして、同年に死んだアンジェロ・ジュゼッペ・ロンカッリ（ローマ教皇ヨハネス二三世、一八八一―一九六三年、在位一九五八―六三年）の名前とならべて、「彼らの声が消えたとき世界全体が変化し暗くなった」が、その世界は彼らの言葉や行為が現れる以前のものにはけっしてならないと述べた。

ロンカッリは、謙虚で温和な人柄と他教会や他宗教との対話に積極的であったことで知られている。アーレントは彼の『魂の日記』（一九六五年）の書評を書き、そのさいに記録や文献だけでなく伝え聞いた彼の言動に関する逸話も織り込んだ。一九六三年、ドイツの劇作家ロルフ・ホーホフートの戯曲で、ローマ教皇ピウス一二世のナチとの関わりとユダヤ人虐殺にたいする沈黙という歴史事実を描いた『神の代理人』が、アーレントの『イェルサレムのアイヒマン』と同様の激しい論争とカトリック教会からの反発を引き起こしていた。病床のロンカッリはその書を読み、「どんな手が打てるか」という質問に「真実に対してどんな手を打てるのですか」と答えたという。アーレントはこのロンカッリ論をのちに『暗い時代の人々』の一つの章に組み入れた。

真理と政治

アーレントは「真理と政治」という論稿のなかで、政治的な領域をかたちづくり人びとが生きるリアリティを保証すべきものであるはずの歴史的出来事や「事実の真理」が、数学や科学や哲学の真理といった「理性の真理」よりもはるかに傷つきやすいものであると論じた。

「事実の真理」は、それが集団や国家に歓迎されないとき、タブー視されたり、それを口にする者が攻撃されたり、あるいは事実が意見へとすりかえられたりという状況に陥る。「事実の真理」は「理性の真理」とは異なり、人びとに関連し、出来事や環境に関わり、それについて語られるかぎりでのみ存在する。それは共通の世界の持続性を保証するリアリティでもあり、それを変更できるのは「あからさまな嘘」だけであると言う。「歴史の書き換え」や「イメージづくり」による現代の政治的な事実操作や組織的な嘘は、否定したいものを破壊するという暴力的な要素をふくんでいる、とアーレントは指摘した。そして、現代では、ナチズムやスターリニズムの時代のイデオロギーとは異なり、回答ありきの問題解決パターンや「イメージ」こそが、エリートたちから大衆にいたるまでの無思考性や判断の欠如を促していると考えた。

一九六四年八月、トンキン湾でアメリカ海軍の駆逐艦が北ヴェトナム軍により攻撃を受けたとされる事件が起こり、ジョンソン大統領が議会から「攻撃阻止」を名目とする軍事措置をとるための特別権限を与えられる。六五年二月にはアメリカ空軍による北ヴェトナム爆撃が始まった。トンキン湾事件は、のちに公表された国防省秘密報告書（ペンタゴンペーパーズ）から、アメリカ軍と南ヴェトナム軍によって計画された謀略であったことが明らかになった。アーレントはそれについては「政治における嘘」という論稿で、国内や議会向けの嘘の意味とその「報告書」の「現実からの遊離」について論じた。

事実と決定との間、諜報機関と一般の行政事務や軍務との間の関係、というより無関係が、国防総省秘密報告書が露わにしたおそらく最も由々しき、そして間違いなく最も厳重に監視されていた秘密なのである。（『暴力について』）

現実、すなわちリアリティを欠いたまま歴史が進行していくことは、人間がみずからの尊厳を手放すことでもある。ところが、「問題解決家」と称するエリートたちによって、彼らの「理論」を優先する「イメージづくり」が熱狂的におこなわれた。事実や現実は無視されたのである。

アーレントは、最初からジョンソンをまったく信頼せず、戦争政策に抗議して国家安全保障顧問の職を辞した友人ハンス・モーゲンソーに賛同していた。加えて彼女は、自分たちの国が「世界最大の強国」であるというアメリカ人の認識に強い危惧をいだいていたが、反対運動の盛り上がりに期待していた。アメリカの大学では黒人差別やヴェトナム戦争にたいする学生の抗議運動が起こっていた。アーレントは、学生の政治にたいする関心や、公民権運動や反戦運動にかんして学生運動が果たした役割を高く評価し、「参加の権利」や「発言し聴いてもらう権利」を求める彼らの姿勢に賛同した。六六年五月には勤務先のシカゴ大学で、兵役義務について大学に話し合いを求めて当局に拒否された学生約四五〇人が建物を占拠したとき、自分の学生と話し合うために何度か占拠中の建物に入っている。しかし、「大学を破壊するようなことになれば運動全体が終焉する」と述べ、暴力によって抗議運動が崩壊しかねないことを危惧した。学生が大学を破壊したら「学生の自由」はなくなる、と彼女は語った。

アーレントは六七年の春にニュー・スクール・フォー・ソーシャル・リサーチの教授となる。四年間教えたシカゴで彼女は学生たちから慕われ圧倒的支持を受けていた。しかし、ブリュッヒャーの健康状態がずっとよくなかったため、彼女はニューヨークに戻ることを望んでいた。ブリュッヒャーは六八年にバードカレッジを六九歳で退官した。その夏彼はバードカレッジから名誉博士号を授与されることになったが、心臓発作を起こし入院、すぐに退院できたが、授与式はニューヨークの自宅でおこなわれた。

アーレントとブリュッヒャーはその年の九月ヨーロッパを訪れ、ヤスパースを訪ねるなどした。その旅行のさいに彼らは、ロカルノに住んでいたブリュッヒャーの若いころの友人であるローベルト・ギルベルトに、スイスに引っ越して老後を過ごすよう助言された。アーレントたちはこの話に惹かれたようだ。ブリュッヒャーの健康状態のこともあったし、アーレント自身も静かな生活を求めるようになっていた。当時のニューヨークは彼らにとって、もはや暮らしやすい環境ではなかった。犯罪が増え、アーレントは一人での外出をためらうほどだった。その年には公民権運動の指導者キング牧師やケネディ元大統領の弟で政治家のロバート・ケネディが暗殺された。ヴェトナム戦争も終わりが見えなかった。彼女たちは本気で移住を考えはじめたが、その計画はまもなく立ち消えとなった。

死者との交わり

一九六九年二月二六日、カール・ヤスパースが亡くなった。八六歳だった。ヤスパースの妻ゲルトルートから電報で知らせを受けたアーレントは、すぐにバーゼルに飛んでいる。三月四日のバーゼル大学での追悼式典で、彼女は追悼の辞を述べた。その言葉を抜き書きしておきたい。

私たちはいまここに集い、カール・ヤスパースがあれほど愛し尊重していた公共性のなかで、ともに彼に別れを告げようとしています。……

地上にある人間は、肉体を具えていることが必要です。著作だけ知っていて著者その人をじかには知らない者にとっても、本の背後には——バーゼルに、アウ街に——だれかがいる、その人が生きた声と身振りをもって語っているという確かさが必要でした。なぜならこれだけが、本に書かれていることは現実だったのだと保証してくれるからです。

……著作は、死んだ人が世界に残していったもの、世界は彼が生まれるまえから存在し、彼が去ったあとも存在しつづける。著作がどうなるかは、世界の歩みにかかっています。けれどもこれらの本は生きられた人生であったという単純な事実、この事実は、直接に世界に理解はされずに、忘れられてしまう危険にさらされています。人間のもっとも儚《はかな》いもの、しかし同時にもっとも偉大なもの、つまりその人の語った言葉や独特の身振りは、その人とともに死んでいく、でもそれらこそ私たちを必要とし、私たちが彼を忘れないでいることを求めているのです。追憶は死者との交わりのなかでおこなわれ、そこから死者についての会話が生まれ、それがふたたびこの世にひびきわたります。死者との交わり——これを学ばなくてはなりません、私たちはこの共同の追悼の場において、それをいま始めようとしているのです。
（『アーレント＝ヤスパース往復書簡3』）

『暗い時代の人々』（一九六八年）の序文で、アーレントは次のように書いていた。「ここに集められた論文とエッセイは、これまでの一二年間に折にふれて書かれたものであるが、いずれも人物を扱っており、かれらが自分たちの人生をどのように生き、この世界のなかでどのように行動し、時代の動向によってどのような影響を受けたかが論じられている」。

アーレントは、本書ですでにふれたレッシング賞受賞演説、ローマ教皇ヨハネス二三世ロンカッリ論、ヤスパースへの賞賛の辞のほか、ローザ・ルクセンブルク、アイザック・ディネセン（一八八五―一九六三年）、ヘルマン・ブロッホ（一八八六―一九五一年）、ヴァルター・ベンヤミン、ベルトルト・ブレヒト、ワルデマール・グリアン（一九〇三―五四年）、ランダル・ジャレルについての論文やエッセイをその人物論集に入れた。アーレントの論稿は、彼らの著作や伝記などにたいする書評である場合も、それらの序文となった場合もあったが、彼らのうちの多くが彼女の知人であり友人であった。ベンヤミンとジャレルは暗い時代のなかでみずから命を絶っていた。アーレントはこうした人びとの著作だけでなく彼らの「生きた声と身振り」、「もっとも儚いもの、しかし同時にもっとも偉大なもの」を世界に残そうとしたとも言えるのである。それは死んだ友への追悼文であり、「死者との交わり」でもあった。アーレントは書いている。

最も暗い時代においてさえ、人は何かしら光明を期待する権利を持つこと、こうした光明は理論や概念からというよりはむしろ少数の人々がともす不確かでちらちらとゆれる、多くは弱い光から発すること、またこうした人々はその生活と仕事のなかで、ほとんどあらゆる環境のもとで光をともし、その光は地上でかれらに与えられたわずかな時間を超えて輝くであろうということ――こうした確信が、ここに描かれたプロフィールの概略的な背景をなしている。（『暗い時代の人々』はじめに）

「暗い時代」という言葉はブレヒトの詩の言葉だった。「暗い時代に／そこでも歌は歌われるだろうか／歌われる／暗い時代について」とブレヒトは書いた。アーレントはこの言葉とともにいくつかの「光明」を「あとから生まれる人びとに」届けたいと思った。
長文のベンヤミン論は最初ドイツ語で書かれ、ニューヨークのゲーテハウスやドイツでの講演、ドイツの思想誌『メルクール』に三回にわたる掲載を経て、翻訳者による英訳にアーレントが手を加えた。『ニューヨーカー』にも掲載され、アーレントが編集したベンヤミンの作品集『イルミネーションズ』の序文にもなっている。アーレントはこの本については、ベンヤミンのどの著作を選んでどの順番に並べるかということだけでなく、英語への翻訳もみずからチェックした。本の装丁のベンヤミンの写真もアーレントが選んだのだろうと思う。アーレントはベンヤミン論のなかで、「海底深く横たわる真珠や珊瑚《さんご》をてこでゆるめ、それらを海面にまでもたらすべく海の底へと降りて行く真珠採り」の営みのようなベンヤミンの「詩的思考」について次のように述べた。

こうした思考も過去の深淵へと探究の手をのばす――しかしそれは過去をあるがままによみがえらせるためでも、また消え去った時代の再生に役立つためでもない。こうした思考を導くものは、たとえ生存は荒廃した時代の支配を受けるとしても、腐朽の過程は同時に結晶の過程であるとする信念、かつては生きていたものも沈み、溶け去っていく海の底深く、あるものは「海神の力によって」自然の力にも犯されることなく新たな形に結晶して生き残るという信念である。

（「ヴァルター・ベンヤミン」）

アーレントは「物語る」ということにたいして強い思い入れをもっていた。政治学会で自分の理論を「わたしの古風な物語り」(my old-fashioned story-telling)と呼んで、会員からほとんど無視されたことさえあった。「理論がどれほど抽象的に聞こえようと、議論がどれほど首尾一貫したものに見えようと、そうした言葉の背後には、われわれが言わなければならないことの意味が詰まった事件や物語がある」と彼女は言う。個々の事件や物語へと脱線し、多くの解釈が混在する「物語」よりも、理路整然とした論証のほうが理解しやすい、という知的先入見あるいは慣習のようなものがある。しかしそれだけでは人間の経験の意味を救い出すことはできない、と彼女は考えていた。アーレントは、「どんな悲しみでも、それを物語に変えるか、それについて物語れば、耐えられる」というアイザック・ディネセンの言葉をしばしば引用していた。

一九七〇年一〇月三一日、アーレントが何年も前から最も恐れていたことが起こった。ハインリッヒ・ブリュッヒャーが心臓発作で七一歳の生涯を閉じた。アーレントは彼について物語ることはなかった。もっとも、当時アーレントの学生であったエリザベス・ヤング゠ブルーエルは次のように書いている。

彼女は告別式や追悼式――それは、五年後に彼女自身が亡くなるまで実際には終わることのなかった哀悼の始まりだった――のために数週間姿を消した。授業に戻ってきた彼女は、動揺し、喫煙をコントロールしようと努め、黒い〈未亡人の装い〉*Witwentracht*をまとって、かなり弱って見えた。彼女の思考がブリュッヒャーからけっして遠く離れようとしないだろうことは明らかだった。

（『なぜアーレントが重要なのか』）

Ⅲ　「はじまり」を残して

精神の生活

ブリュッヒャーが亡くなった一九七〇年の秋、アーレントはニュー・スクール・フォー・ソーシャル・リサーチでカントの政治哲学についての講義とカントの『判断力批判』についいての演習をおこなっていた。七一年には同じくニュー・スクールで「思考と道徳の問題」について講義した。七三年四月にはスコットランドのアバディーン大学のギフォード講座で「思考」について、七四年五月には同講座で「意志」についての連続講義をおこなった。もっとも「意志」の講義は彼女の心臓発作によって冒頭で中断され、その後ニュー・スクールでおこなわれた。アーレントはこれらの講義をもとに『精神の生活』というタイトルの著書を準備した。第一部は「思考」、第二部は「意志」、第三部は「判断」という構成であった。彼女は第二部の「意志」を書き上げた段階で七五年に亡くなったため、著作を自分自身で完成させることはできなかった。「判断」については彼女のタイプライターに「判断」というタイトルと二つのエピグラフが残されていただけだった。アバディーンにも同行し、この著作の編集を引き受けていたメアリー・マッカーシーが、アーレントの死後に『精神の生活』の「思考」と「意志」を公刊した。アーレントが想定していた「判断」の内容と考えられたカント講義の抜粋も加えられた。カントの政治哲学についての講義ノートはロナルド・ベイナーの編集で公刊されている。

アーレントは「思考」「意志」「判断」についての哲学者たちの取り組みを吟味しながら、三つの精神的営みのなかで何がおこなわれているのか、それが人間の共存にとってどのような働きをしているのかを語った。「思考」は自分自身との内的対話であり、過去と未来のあいだに生きる人間が時間のなかに裂け目を入れる「はじまり」でもある。「思考」のためには自分と自分自身という一者のなかの二者を必要とする。「意志」は未来に関わり、「意志する」と「否と意志する」のあいだで分裂や葛藤を経験する。「意志」は「選択の自由」や何かを変えていくという人間の活動に密接に関わるが、独我論的な意志である場合、自己や他者にたいして暴力的な結果をもたらす。「判断」はつねに他者との関係のなかでおこなわれるものであり、他者の意見や範例を必要とする。

ヤング゠ブルーエルは、アーレントが「思考」と「意志」の部分ではおもにハイデガーと対話し、「判断」の講義ノートではヤスパースおよびブリュッヒャーと共鳴していた、と書いているが、これは正しい指摘だと思う。ハイデガーは非凡な深みをもつが他者を欠く哲学者だったのにたいして、ヤスパースとブリュッヒャーは「判断力の範例」であった。アーレントはカント講義のなかで、判断力が機能するためには人間の社交性が条件であり、人間は「精神的諸能力のためにも仲間に依存している」と語っていた。つまり複数で生きる人びとが共通感覚をもつためには、相互の仲間を必要とするということである。判断は他者との関係のなかでおこなわれ、他者の立場から物を考える「拡張された思考様式」を要請する。判断力は、他者の視点から世界がどのように見えるかを想像する力を前提としている。

満足を与える生き方

ブリュッヒャーは、名講義で知られたが、著作はいっさい残さなかった人だった。語りの人であり、論文などは何も書かなかったのだ。ただし、彼の最終講義はテープ録音が起こされ、その原稿に彼自身が手を入れて短くしたものが、バードカレッジの雑誌に掲載され、アーレントとブリュッヒャーの往復書簡集に付されている。そこでブリュッヒャーは、「わたしは政治学者としてではなく普通の市民としてソクラテスに同意し、複数で生きる人間の最も重要な課題は、最終的には全人類を包括する人間のあいだの関係の構築であると確信する。それが政治の課題である」と述べていた。そして、そのためには、イデオロギーや絶対的な体制を批判的に吟味し、判断する力が必要であるとして、批判を原理とし市民として生きるソクラテスの思考に学ばなければならないと強調した。ブリュッヒャーによれば、そのような思考とともに生きることは、幸せにはしないかもしれないが、満足を与えてくれる。

アーレントはブリュッヒャーの死の後の講義で、次のように語っている。

吟味をへない生活は生きるに値しない。……ソクラテスが実際にしたことは、思考過程――私の中で、私と私自身との間で、無言の内に進行する対話――を、議論において公共のものとすることであった。

（『カント政治哲学の講義』第六講）

アーレントは「思考と道徳の問題」についての講義で、アイヒマンの思考の欠如から触発された問い、すなわち「判断、善悪の区別、美醜の区別などの能力が思考の能力に依存しているのか」、「思考する能力あるいは無能力と悪の問題に内的関係はあるのか」という問いに取り組んだ。思考は知識とは異なる。道徳の問題について、思考のモデルとされたのは市民である思索者ソクラテスであった。

ソクラテスの思考は「一人のうちの二人」の対話であり、その調和の問題であった。意識あるいは良心とは、「わたしは他者にたいしてあるだけでなく、自己にたいしてある」ことである。ソクラテスは、思考のためのパートナーである自己と矛盾するような悪をおこなうよりも、悪をなされるほうがましであると考える。こうした自己との交わりや自分のおこないを吟味することを知らなければ、すなわち思考しなければ、どんな犯罪を犯すことも可能になる、とアーレントは述べた。思考そのものは社会に善をもたらすことはないが、価値や教養や理論などを吟味し破壊する機能をもつ。そして、危機の稀《まれ》な瞬間、ほかのすべての人びとが無思考に体制に順応している状況で役立つ、と論じた。

思考と活動

一九七二年一一月、カナダのトロントで三日間にわたって「アーレントの仕事」と題する会議が開かれた。アーレントはその会議のディスカッションで多くの質問に答えた。ハンス・ヨナスやメアリー・マッカーシー、ハンス・モーゲンソーといった彼女の友人たちも参加し、さまざまな論者がそれぞれの立場から公の場で問いかけることによって、アーレントの思考の諸側面や思考のスタイルが浮き彫りにされた。そのディスカッションはメルヴィン・A・ヒルによって編集され、「思考と行為」「社会と政治」「理念型としてのアメリカ憲法」「手すりなき思考」に分けられているが、ここでは「思考と活動」についてのアーレントの言葉に耳をかたむけておこう。

アーレントは、「思考の営み」はけっして職業的思想家のものではなく、すべての人びとが日々必要とするものだと断言している。それは、抽象的に思考したり、神や不死や自由といった究極的な問いに答えたりすることではない。「半時間前に自分に起こったことについてストーリーを語る者はみな、このストーリーを形にしなければなりません。このストーリーを形にすることは思考の一つの形態です」とアーレントは言った。「思考の対象は経験にほかならない」とも言っている。彼女は別の場所で、思考とは後から考えることである、と語ったことがあった。それは理解するということでもある。

彼女は、自分は何よりも理解することに関心があり、何もしなくても生きられるが出来事を理解しようと試みずに生きることはできない、と言う。そしてそれを「和解」と呼び、自分にとっては思考だけが「和解」をもたらすのだと述べた。また、思考の営みと複数の人びとともに行為する活動とをはっきりと区別し、「わたしは人生において何度か活動したことがありました。そうせざるをえなかったからです。でもそれがわたしの主要な衝動ではありません」と語った。考えたいときは、世界から引っ込むのだとも言った。思考は孤独な営みであり、自分との対話でもある。「わたしというたったひとりの人間」が「わたし自身」とおこなう対話である。アーレントはヴァレリーの「私はあるときは考え、あるときは存在する」という言葉を思考の営みにたとえた。人は「現れっぱなし」のときは思考できず、人格をもった「ひとりの人間」になることもできなくなる。とはいえ、「引っ込みっぱなし」でも世界のリアリティと乖離《かいり》してしまうだろう。

アーレントはまた、ローザ・ルクセンブルクを例にあげて、「世界のなかの不正義に耐えられなかった」ルクセンブルクは、「はげしく世界にかかわり、自分自身にはまったく関心をもたなかった」と述べた。公的な行為で重要となるのは、名誉や正義といった「公的」とされるものの基準ではなく、「自分にではなく世界とかかわる」ということだった。政治家であるローザ・ルクセンブルクとは程度は異なるが、アーレント自身が公的に発言したときも、賭けられていたのは「世界」だったはずだ。そのために傷つくこともあったのを、私たちは見てきた。また、その公的なものや世界は中心化されたものではけっしてなく、人びとの語り合いや行為によって生み出されるものだった。トロントでは「自分は評議会制にロマンティックなシンパシーをもっている」とも語り、次のように続けていた。

草の根から成り立つものへのシンパシーです。「権力は人民にあり」とも言えるものにほかなりません。つまり上からではなく下から生まれる権力です。

アーレントにおいて権力は暴力とは異なり、人びとが集まり言葉と行為によって活動することで生まれる集団的な潜在力だった。彼女は、思考し、自由を求め、判断を行使する人び

最晩年のアーレント

とが生み出す力こそが、世界の存続を支えると考えていた。しかし、この潜在力は、集団としての大文字の人間ではなく、複数の個人、一人ひとりの人間の「はじまり」にかかっている。彼女を私たちの著者にした『全体主義の起原』の末尾と、死の直前に書いたと思われる意志論の最後で、アーレントはアウグスティヌスの「はじまりが為《な》されんために人間は創《つく》られた」という言葉を引用し、「はじまりとは実は一人ひとりの人間なのだ」、「人間存在が世界のなかに現れるという事実にはじまりの能力の根拠はある」と書いた。私たちは考えることや発言し行為することによって、自動的あるいは必然的に進んでいるか、、、のような歴史のプロセスを中断することができる。そこで新たにはじめることができる。アーレントにとってその「はじまり」の有無こそは、人間の尊厳にかかわっていた。

一九七五年一二月四日、アーレントは自宅で友人と夕食をとり、食後のコーヒーを淹れている最中に倒れた。心臓発作だった。享年六九。四日後、リヴァーサイド・メモリアル・チャペルで葬儀がおこなわれた。「あなたの温かみがなくなって世界が冷たくなった」とヨナスは語り、ジョヴァーノヴィッチは「私は彼女を激しい気持ちで愛していました」と絶句した。姪のエトナ・ブロッケがヘブライ語で、友人の息子が英語で、詩篇を読んだ。葬儀には友人や親族や学生たちだけでなく、大勢の見知らぬ人びと、彼女の読者たちが参列したという。遺灰は翌年五月にバードカレッジでブリュッヒャーの隣に埋葬された。

あとがき

アーレントは、学派などを形成することはなかった。「自分の仕事がおよぼす影響には関心がない」と語っていた。著作が大きな論争を引き起こしたが、彼女は影響を与えるために書いたわけではない。「自分がやりたいことをやっただけ」であり、彼女の望みは「理解すること」だった。個人と個人のあいだの友情を信じた人であり、死後、友人たちによってアーレントとは〈誰であったか〉が語られたが、一九八〇年代半ばまでは、著書も絶版となるような状態がつづいた。彼女の思想は、きわめて学問的でありながら、既成の領域には分類しがたい。

しかし、彼女の著書は世界の各地で読みつがれていた。一九八二年に出たエリザベス・ヤング＝ブルーエルによる浩瀚《こうかん》な伝記が、一九八〇年代半ばに広範な読者を得たことも大きな意味をもった。というのも、アーレントは自伝などを残さなかったので、それまで一般の読者や研究者には、彼女の生涯と著作を結びつけることが難しかったからである。さらに一九九〇年代に入ると、彼女自身が生前に図書館や古文書館に託した書簡や遺稿が注目され始め、アーレント再読・再考の機運が高まった。

一九九五年、私はケルン大学に留学中であったため、「アーレント没後二〇年」の研究会やシンポジウムに参加することができた。当時はまだ個人的にアーレントを知る人たちが存命していて、彼女の思い出と思想の意義が語られると同時に、冷戦終焉後に再発見された思想家としてアーレントが持ち上げられていた。一時のブームで終わるか否か、という議論もあった。なかば手探り状態の、熱気のようなものもあった。二〇〇三年にベルリンでサバティカルを過ごした時期には、アーレント全集の企画が立ち上がっていた。新しい世代の研究者たちも登場していた。二〇〇六年には、アーレント生誕一〇〇年のシンポジウムや展覧会が各地で催された。ドイツではその時点でふたたび品切れが数年続いていたアーレントの著作のいくつかも、その後再版された。

二〇一二年には、ドイツのマルガレーテ・フォン・トロッタ監督による映画『ハンナ・アーレント』が公開され、二〇一三年には日本でも大きな注目を集めた。アーレントの著書はほとんど日本語に翻訳されているが、難解なテクストが広範な読者を得ているとは言い難い。映画公開までアーレントの名を知る人はそれほど多くなかっただろう。ところが、アイヒマン論争と思考する女性に焦点をしぼったこの映画は、多くの人びとの共感を得たのである。この映画の力に率直に感銘すると同時に、研究者のはしくれとして、自分はアーレントの言葉と人びとの橋渡しができているだろうか、と責任を感じる。

私は、アーレントの生涯を日本語で確かなものにしておきたい、という希望から本書を書き始めた。ヤング＝ブルーエルの伝記以後、それをおもな典拠として、すでに多くの伝記が出ている。他方で、今日では膨大な書簡や遺稿が公刊され、細部にわたる研究も続々と現れてきた。こうした資料に誠実でありたい、と思うと同時に、彼女の人生と向き合うのは途方もないことで、この小さな本を書くのに何年もかかってしまった。

アーレントと誠実に向き合うということは、彼女の思想を教科書とするのではなく、彼女の思考に触発されて、私たちそれぞれが世界を捉えなおすということだろう。自分たちの現実を理解し、事実を語ることを、彼女は重視した。考え始めた一人ひとりが世界にもたらす力を、過小評価すべきではない。私たちはそれぞれ自分なりの仕方で、彼女から何かを学ぶことができる。本書がその一助となることを願っている。

＊

自分の生きてきたちょうど半分の年月、アーレントの言葉に接してきた。ヴァルター・ベンヤミンは、「堅固なものを打ち負かそうとする者は、親切である機会（Gelegenheit zum Freundlichsein）を見逃してはならない」と語ったが、私のこの年月は「親切である機会を見逃さなかった」人びとの、友情と好意に支えられた日々だった。ドイツと日本に住む友人たちに深謝したい。とりわけ、大学院時代から勤務先のフェリス女学院大学での日々を経て四半世紀もお世話になってきた山之内靖先生、いつも見守って下さった二宮宏之先生、言葉を伝える責任を教えてくださった翻訳家の大島かおりさんに、この場をかりて心から御礼を申し上げたい。そして、本書が完成したのはひとえに編集部の太田和徳さんのおかげである。本当にありがとうございました。

二〇一四年二月

矢野久美子

1945.
Dolf Sternberger/Lambert Schneider, *Die Wandlung 4*, Heidelberg, 1946.
S. Adler-Rudel, *Jüdische Selbsthilfe unter dem Naziregime 1933-1939 : Im Spiegel der Berichte der Reichsvertretung der Juden in Deutschland*, J.C.B. Mohr, 1974.
Jewish Women's Archive http://jwa.org/encyclopedia
Herbert A. Strauss (Hrsg.), *Biographisches Handbuch der deutschsprachigen Emigration nach 1933*, Bd., Gale Research Company, 1980.
Walter Benjamin, *Gesammelte Schriften* Ⅳ, hrsg. von Rolf Tiedemann und Hermann Schweppenhäuser, Suhrkamp, 1991.
Walter Benjamin, *Gesammelte Schriften* Ⅱ*.2*, hrsg. von Rolf Tiedemann und Hermann Schweppenhäuser, Suhrkamp, 1991.
Bertolt Brecht, *Werke, Bd 11, Gedichte1*, hrsg. von Werner Hecht, Jan Knopf, Werner Mittenzwei, Klaus-Detlef Müller, Suhrkamp, 1988.
Joachim Fest, *Begegnungen : Über nahe und ferne Freunde*, Rowohlt, 2009.

子訳，晶文社，1993年.
アルフレッド・ケイジン『ニューヨークのユダヤ人たち―ある文学の回想　1940-60』（全二巻）大津栄一郎・筒井正明訳，岩波書店，1987年.
スチュアート・ヒューズ『大変貌―社会思想の大移動　1930-1965』荒川幾男・生松敬三訳，みすず書房，1978年.
デイヴィッド・リースマン『孤独な群衆』加藤秀俊訳，みすず書房，1964年.
川島正樹『アメリカ市民権運動の歴史』名古屋大学出版会，2008年.
エリック・ホッファー『魂の錬金術―エリック・ホッファー全アフォリズム集』中本義彦訳，作品社，2003年.
エリック・ホッファー『初めのこと今のこと』田中淳訳，河出書房新社，1972年.
作品社編集部編『エリック・ホッファー・ブック―情熱的な精神の軌跡』作品社，2003年.
ブルーノ・ベテルハイム『生き残ること』高尾利数訳，法政大学出版局，1992年.
ラウル・ヒルバーグ『ヨーロッパ・ユダヤ人の絶滅』（全二巻）望田幸男・原田一美・井上茂子訳，柏書房，1997年.
ユーリウス・H・シェプス編『ユダヤ小百科』石田基広・唐沢徹ほか訳，水声社，2012年.
渡辺哲夫『二〇世紀精神病理学史』ちくま学芸文庫，2005年.
Stefanie Schüler-Springorum, *Jüdische Minderheit in Königsberg/Preußen, 1871-1945*, Vandenhoeck & Ruprecht, 1996.
Stefanie Schüler-Springorum, "Assimilation and Community Reconsiderd: The Jewish Community in Königsberg, 1871-1914," in: *Jewisch Social Studies* 5.3 (1999), pp.104-131.
Günther Neske (Hrsg.), *Erinnerung an Martin Heidegger*, Günther Neske Pfullingen, 1977.
Günther Anders, *Günther Anders antwortet: Interviews & Erklärungen*, hrsg. von Elke Schubert, Edition TIAMAT, 1987.
Dolf Sternberger/Lambert Schneider, *Die Wandlung 1*, Heidelberg,

"Selbst denken schafft nicht Freunde, sondern macht einsam: Ein Gespräch mit Edna Brocke, der Großnichte von Hannah Arendt," in: *Frankfurter Allgemeine Zeitung*, 12.01.2013, Nr.10, Seite 35.

Daniel Bell, "On Hannah Arendt," in: *Partisan Review* (Fall 1963), pp.417-429.

Mary McCarthy, "The Hue and Cry," in: *Partisan Review* (Winter 1964), pp.82-94.

Christina Heine Teixeira, "Wartesaal Lissabon 1941: Hannah Arendt und Heinrich Blücher," in: Hannah Arendt.net, Ausgabe 1, Band 2-September 2006, www.hannaharendt.net

3　その他の文献

イマヌエル・カント『カント全集15　人間学』渋谷治美・高橋克也訳，岩波書店，2003年.

生松敬三『ハイデルベルク―ある大学都市の精神史』講談社学術文庫，1992年.

坂井榮八郎『ドイツの歴史百話』刀水書房，2012年.

カール・レーヴィット『ナチズムと私の生活―仙台からの告発』秋間実訳，法政大学出版局，1990年.

ハンス＝ゲオルク・ガーダマー『ガーダマー自伝―哲学修業時代』中村志朗訳，未来社，1996年.

ハンス・ヨナス『ハンス・ヨナス「回想記」』盛永審一郎・木下喬・馬渕浩二・山本達訳，東信堂，2010年.

W・ビーメル／H・ザーナー編『ハイデッガー＝ヤスパース往復書簡　1920-1963』渡邊二郎訳，名古屋大学出版会，1994年.

カール・ヤスパース『根源的に問う―哲学対話集』ハンス・ザーナー編，武藤光朗・赤羽竜夫訳，読売新聞社，1970年.

カール・ヤスパース『哲学的自伝』(ヤスパース選集14)重田英世訳，理想社，1965年.

ヴァルター・ベンヤミン『ベンヤミン・コレクション4　批評の瞬間』浅井健二郎編訳，ちくま学芸文庫，2007年.

リーザ・フィトコ『ベンヤミンの黒い鞄―亡命の記録』野村美紀

Elisabeth Young-Bruehl, *Mind and the Body Politic*, Routledge, 1989.

Wolfgang Heuer, *Hannah Arendt*, Rowohlt, 1987.

Ingeborg Gleichauf, *Hannah Arendt*, Deutscher Taschenbuch Verlag, 2000.

Thomas Wild, *Hannah Arendt*, Suhrkamp, 2006.

Alois Prinz, *Hannah Arendt oder die Liebe zur Welt*, Insel Verlag, 2012.

Antonia Grunenberg, *Hannah Arendt und Martin Heidegger: Geschichte einer Liebe*, Piper, 2006.

Ingeborg Nordmann, *Hannah Arendt*, Campus Verlag, 1994.

Wolfgan Heuer/Bernd Heiter/Stefanie Rosenmüller（Hrsg.）, *Arendt-Handbuch: Leben-Werk-Wirkung*（Metzler, 2011）.

Günther Anders, *Die Kirschenschlacht: Dialoge mit Hannah Arendt*, C.H.Beck, 2011.

Bernd Neumann, *Hannah Arendt und Heinrich Blücher: Ein deutsch-jüdisches Gespräch*, Rowohlt, 1998.

Barbara Hahn/Marie Luise Knott, *Hannah Arendt: Von den Dichtern erwarten wir Wahrheit*, Matthes & Seitz Berlin, 2007.

Claudia Christophersen, *...es ist mit dem Leben etwas gemeint 《Hannah Arendt über Rahel Varnhagen》*, Ulrike Helmer Verlag, 2002.

Annette Vowinckel, *Hannah Arendt: Zwischen deutscher Philosophie und jüdischer Politik*, Lukas Verlag, 2004.

Hans Morgenthau, "Hannah Arendt 1906-1975," in: *Political Theory 4/1*（1976）, pp.5-8.

Hans Jonas, "Hannah Arendt 1906-1975," in: *Social Research 43*（1976）, pp.3-5.

Hans Jonas, "Acting, Knowing, Thinking: Gleanings from Hannah Arendt's Philosophical Work," in: *Social Research 44*（1976）, pp.25-43.

Ernst Vollrath, "Hannah Arendt and the Method of Political Thinking," in: *Social Research 44*（1977）, pp.160-182.

1996.
Hannah Arendt/Kurt Blumenfeld, *...in keinem Besitz verwurzelt* 《*Die Korrespondenz*》, Rotbuch Verlag, 1995.
"On Hannah Arendt," in: Melvin A. Hill (ed.), *Hannah Arendt: Recovery of the Public World*, St.Martin's Press, 1979.
Ich will verstehen: Selbstauskünfte zu Leben und Werk, hrsg. von Ursula Ludz, Piper, 1996.
Arendt und Benjamin: Texte, Briefe, Dukumente, hrsg. von Detlev Schöttker und Erdmut Wizisla, Suhrkamp, 2006.
"conclusion" (Courses, University of California, Berkley, 1955), in: Hannah Arendt Papers, Cont. Nr. 46. 4, Archiv des Hannah Arendt-Zentrums an der Carl von Ossietzky Universität Oldenburg.
Eichmann lecture 1964, in: Hannah Arendt Papers, Cont. Nr. 67, Archiv des Hannah Arendt-Zentrums an der Carl von Ossietzky Universität Oldenburg.
Letter to Gaster, 5 October 1941, in: Arendt Papers, Deutsches Literaturarchiv, Marbach.
Brief an Hilde Bränkel, 10. Februar 1950, in: Hannah Arendt Papers, Cont. Nr. 9. 6, Archiv des Hannah Arendt-Zentrums an der Carl von Ossietzky Universität Oldenburg.
Brief an Dolf Sternberger, 14. Dezember 1953, in: Hannah Arendt Papaers, Cont. 14.8, Archiv des Hannah Arendt-Zentrums an der Carl von Ossietzky Universität Oldenburg.

2　アーレント関連の伝記・研究文献など

エリザベス・ヤング＝ブルーエル『ハンナ・アーレント伝』荒川幾男・原一子・本間直子・宮内寿子訳，晶文社，1999年.
エリザベス・ヤング＝ブルーエル『なぜアーレントが重要なのか』矢野久美子訳，みすず書房，2008年.
志水速雄「ハンナ・アレント会見記」，『歴史と人物』1972年１月号.
Elisabeth Young-Bruehl, *Hannah Arendt: For Love of the World*, Yale University Press, 1982.

2008年.
『責任と判断』ジェローム・コーン編，中山元訳，筑摩書房，2007年.
『思索日記』（全二巻）ウルズラ・ルッツ／インゲボルク・ノルトマン編，青木隆嘉訳，法政大学出版局，2006年.
『精神の生活』（全二巻）佐藤和夫訳，岩波書店，1994年.
『アーレント＝ヤスパース往復書簡　1926-1969』（全三巻）ロッテ・ケーラー／ハンス・ザーナー編，大島かおり訳，みすず書房，2004年.
『アーレント＝ハイデガー往復書簡　1925-1975』ウルズラ・ルッツ編，大島かおり・木田元訳，みすず書房，2003年.
『アーレント＝マッカーシー往復書簡―知的生活のスカウトたち』キャロル・ブライトマン編，佐藤佐智子訳，法政大学出版局，1999年.
『アーレント＝ブリュッヒャー往復書簡　1936-1968』ロッテ・ケーラー編，大島かおり・初見基訳，みすず書房，2014年.
Sechs Essays, Heidelberg, 1948.
The Origins of Totalitarianism, new edition with added prefaces, Harcourt Brace Jovanovich, 1968, first edition: 1951.
"A Reply" (to Eric Voegelin) in: *The Review of Politics 15* (1953), Nr.1, pp.401-408.
Fragwürdige Traditionsbestände im politischen Denken der Gegenwart: vier Essays, Europäishce Verlagsanstalt, 1957.
The Human Condition, The University of Chicago Press, 1958.
Vita Activa oder Vom tätigen Leben, Piper, 1981, erste Deutsche Ausgabe: 1960.
Rede am 28. September 1959 bei der Entgegennahme des Lessing-Preises der Freien und Hansestadt Hamburg, hrsg. von Sabine Groenewold, mit einem Essay von Ingeborg Nordmann, Europäische Verlagsanstalt, 1999.
"The Fate of the Union: Kennedy and After," in: *The New York Review of Books*, December 26, 1963.
Hannah Arendt/Heinrich Blücher, *Briefe 1936-1968*, Piper Verlag,

主要参考文献

1　アーレントの著作・書簡集等

『アウグスティヌスの愛の概念』千葉眞訳，みすず書房，2012年.
『ラーエル・ファルンハーゲン―ドイツ・ロマン派のあるユダヤ女性の伝記』大島かおり訳，みすず書房，1999年.
『反ユダヤ主義―ユダヤ論集1』ジェローム・コーン／ロン・H・フェルドマン編，山田正行・大島かおり・佐藤紀子・矢野久美子訳，みすず書房，2013年.
『全体主義の起原』（全三巻）大久保和郎・大島通義・大島かおり訳，みすず書房，1972－1974年.
『アーレント政治思想集成』（1・2）ジェローム・コーン編，齋藤純一・山田正行・矢野久美子訳，みすず書房，2002年.
『人間の条件』志水速雄訳，中央公論社，1973年／ちくま学芸文庫，1994年.
『暗い時代の人々』阿部齊訳，河出書房新社，1972年／ちくま学芸文庫，2005年.
『革命について』志水速雄訳，中央公論社，1975年／ちくま学芸文庫，1995年.
『過去と未来の間―政治思想への8試論』引田隆也・齋藤純一訳，みすず書房，1994年.
『イェルサレムのアイヒマン―悪の陳腐さについての報告』大久保和郎訳，みすず書房，1969年.
『アイヒマン論争―ユダヤ論集2』ジェローム・コーン／ロン・H・フェルドマン編，齋藤純一・山田正行・金慧・矢野久美子・大島かおり訳，みすず書房，2013年.
『暴力について―共和国の危機』山田正行訳，みすず書房，2000年.
『カント政治哲学の講義』ロナルド・ベイナー編，浜田義文監訳，法政大学出版局，1987年.
『政治の約束』ジェローム・コーン編，高橋勇夫訳，筑摩書房，

1949年	亡命後最初のヨーロッパ旅行（～50年）.
1951年	『全体主義の起原』刊行. アメリカ国籍を取得.
1953年	プリンストン大学，ノートルダム大学，カリフォルニア大学バークレー校などで教える（～56年）.
1958年	『人間の条件』刊行.
1959年	レッシング賞受賞. プリンストン大学客員教授に就任.『ラーエル・ファルンハーゲン』刊行
1960年	コロンビア大学，ウェズリアン大学などで客員教授（～62年）.
1961年	アイヒマン裁判を傍聴.『過去と未来の間』刊行.
1963年	『イェルサレムのアイヒマン』『革命について』刊行. シカゴ大学教授に就任（～67年）.
1965年	コーネル大学客員教授を兼任.
1967年	ニュー・スクール・フォー・ソーシャル・リサーチ教授に就任（～75年）.
1968年	『暗い時代の人々』刊行.
1969年	ヤスパース死去.
1970年	ブリュッヒャー死去. ニュー・スクール・フォー・ソーシャル・リサーチでカント講義を行う.
1972年	『暴力について』刊行.
1973年	スコットランドのアバディーン大学で思考論の講義を行う（翌年は意志論の講義）.
1975年	デンマークのソニング賞受賞. 12月4日，ニューヨークの自宅で心臓発作により死去. 8日，リヴァーサイド・メモリアル・チャペルにて葬儀.

ハンナ・アーレント略年譜

1906年	10月14日，ドイツ・ハノーファーに生まれる.
1909年	父の病のためケーニヒスベルクに移る.
1913年	祖父および父が死去.
1913年	ケーニヒスベルクで学校生活を送る（～24年，うちの短期間はベルリン）.
1924年	マールブルク大学，ハイデルベルク大学，フライブルク大学で哲学および神学を学ぶ（～28年）．ハイデガー，ヤスパースに師事.
1928年	ハイデルベルク大学で「アウグスティヌスにおける愛の概念」により博士号取得.
1929年	ギュンター・シュテルン（アンダース）と最初の結婚.
1930年	ベルリンでラーエル・ファルンハーゲン研究に取り組む（～33年）.
1933年	7月に逮捕され，釈放後パリへ亡命．シオニスト関連組織でソーシャル・ワーカーとして働く（～40年）.
1936年	ハインリッヒ・ブリュッヒャーと出会う（40年に結婚）.
1937年	シュテルンとの離婚.
1940年	ギュルス収容所に5週間抑留される.
1941年	アメリカ合衆国へ亡命．評論活動を行う．ヨーロッパ・ユダヤ文化再興委員会での仕事に従事（～52年）.
1946年	ニューヨークのショッケン・ブックス編集顧問に就任（～48年）.

矢野久美子（やの・くみこ）

1964年，徳島県生まれ．2001年，東京外国語大学大学院博士後期課程修了．学術博士．現在，フェリス女学院大学国際交流学部教授．思想史専攻．
著書『ハンナ・アーレント、あるいは政治的思考の場所』（みすず書房，2002）
訳書『アーレント政治思想集成』1・2（アーレント著，共訳，みすず書房，2002）
『反ユダヤ主義―ユダヤ論集1』（アーレント著，共訳，みすず書房，2013）
『アイヒマン論争―ユダヤ論集2』（アーレント著，共訳，みすず書房，2013）
『なぜアーレントが重要なのか』（エリザベス・ヤング＝ブルーエル著，みすず書房，2008）
『戦争と政治の間―ハンナ・アーレントの国際関係思想』（パトリシア・オーウェンズ，共訳，岩波書店，2014）
ほか

ハンナ・アーレント
中公新書 *2257*

2014年3月25日初版
2014年7月25日6版

著　者　矢野久美子
発行者　大橋善光

本文印刷　三晃印刷
カバー印刷　大熊整美堂
製　　本　小泉製本

発行所　中央公論新社
〒104-8320
東京都中央区京橋 2-8-7
電話　販売 03-3563-1431
　　　編集 03-3563-3668
URL http://www.chuko.co.jp/

Published by CHUOKORON-SHINSHA, INC.
Printed in Japan　ISBN978-4-12-102257-8 C1210

中公新書刊行のことば

いまからちょうど五世紀まえ、グーテンベルクが近代印刷術を発明したとき、書物の大量生産は潜在的可能性を獲得し、いまからちょうど一世紀まえ、世界のおもな文明国で義務教育制度が採用されたとき、書物の大量需要の潜在性が形成された。この二つの潜在性がはげしく現実化したのが現代である。

いまや、書物によって視野を拡大し、変りゆく世界に豊かに対応しようとする強い要求を私たちは抑えることができない。この要求にこたえる義務を、今日の書物は背負っている。だが、その義務は、たんに専門的知識の通俗化をはかることによって果たされるものでもなく、通俗的好奇心にうったえて、いたずらに発行部数の巨大さを誇ることによって果たされるものでもない。現代を真摯に生きようとする読者に、真に知るに価いする知識だけを選びだして提供すること、これが中公新書の最大の目標である。

私たちは、知識として錯覚しているものによってしばしば動かされ、裏切られる。私たちは、作為によってあたえられた知識のうえに生きることがあまりに多く、ゆるぎない事実を通して思索することがあまりにすくない。中公新書が、その一貫した特色として自らに課すものは、この事実のみの持つ無条件の説得力を発揮させることである。現代にあらたな意味を投げかけるべく待機している過去の歴史的事実もまた、中公新書によって数多く発掘されるであろう。

中公新書は、現代を自らの眼で見つめようとする、逞しい知的な読者の活力となることを欲している。

一九六二年一一月

中公新書

哲学・思想

1 日本の名著 桑原武夫編
16 世界の名著 河野健二編
2113 近代哲学の名著 熊野純彦編
1999 現代哲学の名著 熊野純彦編
2187 物語 哲学の歴史 伊藤邦武
2036 日本哲学小史 熊野純彦編著
832 外国人による日本論の名著 佐伯彰一・芳賀徹編
1696 日本文化論の系譜 大久保喬樹
2243 武士道の名著 山本博文
312 徳川思想小史 源了圓
2097 江戸の思想史 田尻祐一郎
1989 諸子百家 湯浅邦弘
2153 論語 湯浅邦弘
36 荘子 福永光司
1695 韓非子 冨谷至
1120 中国思想を考える 金谷治
2042 菜根譚 湯浅邦弘
140 哲学入門 中村雄二郎
2220 言語学の教室 西村義樹・野矢茂樹
1862 入門！論理学 野矢茂樹
448 詭弁論理学 野崎昭弘
593 逆説論理学 野崎昭弘
2087 フランス的思考 石井洋二郎
1939 ニーチェ―ツァラトゥストラの謎 村井則夫
2131 経済学の哲学 伊藤邦武
2257 ハンナ・アーレント 矢野久美子
674 時間と自己 木村敏
1829 空間の謎・時間の謎 内井惣七
814 科学的方法とは何か 浅田彰・黒田末寿・佐和隆光・長野敬・山口昌哉
1986 科学の世界と心の哲学 小林道夫
2176 動物に魂はあるのか 金森修
1333 生命知としての場の論理 清水博
2166 精神分析の名著 立木康介編著
2203 集合知とは何か 西垣通
2222 忘れられた哲学者 清水真木
2276 本居宣長 田中康二